KOOKI POPSI KUNST

Õppige koogipopside kunsti 100 vastupandamatu retsepti abil

Dmitri Puusepp

Autoriõigus materjal ©2024

Kõik õigused kaitstud

Ühtegi selle raamatu osa ei tohi mingil kujul ega vahenditega kasutada ega edastada ilma kirjastaja ja autoriõiguse omaniku nõuetekohase kirjaliku nõusolekuta, välja arvatud ülevaates kasutatud lühikesed tsitaadid. Seda raamatut ei tohiks pidada meditsiiniliste, juriidiliste või muude professionaalsete nõuannete asendajaks.

SISUKORD

SISUKORD **3**
SISSEJUHATUS **6**
JUUSTUSKOOK POPS **7**
   1. Kirsi-juustukoogi popid 8
   2. Red Velvet toorjuustukoogi pallid 10
   3. Maasika-juustukoogi tordipallid 13
   4. Vanilje-toorjuustukoogid 16
   5. Konfetti Oreo juustukoogi pops 18
   6. Brownie juustukoogi popid 20
   7. Sidruni-toorjuustukoogid 22
   8. Šokolaadikilpkonna juustukoogid 25
   9. S'moresi juustukoogipopid 27
  10. Vaarika juustukoogi pops 30
  11. Vaarika juustukoogi pops 32
  12. Missioon viigimarja juustukoogi pops 34
  13. Marjajuustukoogi pops 37
  14. Tsitrusviljade juustukoogi pops 40
  15. Kirsi-juustukoogi pops 43
  16. Maasika-juustukoogi pops 46
  17. Sidruni mustika juustukoogi pops 49

LÕBUSAD JA VÄRVILISED KOOKIPOPSID **51**
  18. Cutton Candy Cake Pops 52
  19. Funfetti konfetti koogipopsid 54
  20. Vanilje ja puistad Cake Pops 57
  21. Trüffulipuu koogipopid 60
  22. Sünnipäevatort Popcorn 62
  23. Külmkuivatatud keegliga koogipott 64
  24. Lõbusad ja pidulikud koogid 66
  25. Rainbow Swirl Cake Pops 68
  26. Ükssarviku koogipopid 70
  27. Galaxy Cake Pops 72

ŠOKOLAADIKOOK POPS **74**
  28. Chocolate Fudge koogipallid 75
  29. Šokolaad ja kommid sulatavad kooki 78
  30. Saksa šokolaadikoogid 81
  31. Šokolaadikattega kõrvitsakoogid 84
  32. Šokolaadiapelsini koogipopsid 86
  33. Horchata valge šokolaadi trühvel 89
  34. Kolmekordsed šokolaadikoogid 91
  35. Valge šokolaadi koogid 94

36. MÜNDIŠOKOLAADITÜKKIDEGA KOOGIPOPID 96
37. STARBUCKSI ŠOKOLAADIKOOGID 99
38. CHOCOLATE ESPRESSO CAKE POPS 101
39. RED VELVET CAKE POPS 103

PUHJALISED KOOK POPSID 105
40. SIDRUNI VAARIKA KOOGIPOPSID 106
41. MAASIKAKOOGIKOOGID 109
42. KEY LIME CAKE POPS 112
43. ÕUNAPIRUKAKOOGID 114
44. ARBUUSI POPID 116
45. ŠOKOLAADIST VAARIKAKOOGID 118
46. JÕHVIKA-APELSINI VANILJEKOOGID 121
47. TROOPILISTE PUUVILJADE KOOGIPOPSID 125
48. KIIVI MAASIKAKOOGID 127
49. BANAANILÕIGATUD KOOGIPOPSID 129
50. SEGAMARJAKOOGID 131
51. ANANASSI TAGURPIDI KOOGID 133
52. KOOKOS-LAIMI KOOGIPOPID 135
53. VAARIKA-ŠOKOLAADIKOOGID 137
54. ÕUNA-KANEELI KOOGIPOPID 139

LILLEKOOK POPS 141
55. JASMIINI KOOGIPOPSID 142
56. HIBISKI KOOGIPOPSID 144
57. KUMMELI SIDRUNI KOOGIPOPID 146
58. VIOLETSED KOOGIPOPID 148
59. ROSE CAKE POPS 150
60. LAVENDLI-MEEKOOGIPOPID 152

TERVILJAKOOK POPS 154
61. FROOT LOOPS CAKE POPS 155
62. PUUVILJASED KIVIKOOGID 157
63. TRIXI TERAVILJAKOOGID 159
64. CHERIOSE BANAANIKOOGIPOPID 161
65. CINNAMON TOAST CRUNCH CAKE POPS 164
66. LUCKY CHARMS ŠOKOLAADIST TERAVILJAPOPS 166
67. ŠOKOLAADI-MANDLI TERAVILJAKOOGID 168
68. NOUGAT POPS 170

KARAMELLKOOK POPS 172
69. DULCE DE LECHE KOOGIPALLID 173
70. KARAMELL-ÕUNASÕÕRIKUKOOGID 175
71. SOOLAKARAMELLI KOOGIPALLID 178
72. KARAMELL-ŠOKOLAADIKOOGID 181
73. KARAMELLI KOOKOSKOOGI POPS 183
74. KARAMELL-PEKAANIPÄHKEL KOOGIPOPSID 185

75. Karamell-banaanikoogid 187

KÜPSISE KOOK POPS 189
76. Küpsised ja koorekoogid 190
77. Biscoffi koogipopid 193
78. Jäätunud loomade küpsisekoogid 195
79. Sünnipäevaküpsisekoogid 197
80. Šokolaadiküpsistega koogipopid 199
81. Lofthouse'i küpsisekoogid 202
82. Küpsisetainast koogipopid 204

PUHKUSE KOOK POPS 206
83. Sõbrapäeva koogid 207
84. Halloweeni koogid 209
85. Lihavõttekoogid 211
86. Neljanda juuli koogipopid 213
87. Tänupüha koogid 215
88. Püha Patricku päeva koogipopsid 217
89. Hanuka koogipopid 219
90. Jõulupopid 221

VEGGIE KOOK POPS 224
91. Suvikõrvitsakoogid 225
92. Peedi-šokolaadikoogid 227
93. Maguskartuli vürtsikoogid 229
94. Pumpkin Spice Cake Pops 231
95. Ube Cake Pops 233
96. Porgandikook Pops 235

PÄHKLI- JA SEEMNEKOOK POPS 237
97. Mandlirõõmu koogipopid 238
98. Päevalilleseemnevõiga koogipopsid 240
99. Pistaatsiakoogid 242
100. Sidruni-mooniseemnekoogi pops 244

KOKKUVÕTE 246

SISSEJUHATUS

Tere tulemast saatesse "KOOKI POPSI KUNST", kus asume veetlevale teekonnale hammustava õndsuse maailma. Cake popid oma veidra võlu ja vastupandamatute maitsetega on vallutanud magustoidusõprade südamed ja maitsemeeled üle maailma. Selles põhjalikus juhendis süveneme nende miniatuursete imede loomise kunstilisse ja tehnikasse, pakkudes 100 vastupandamatut retsepti, mis inspireerivad teie küpsetamise seiklusi.

Kookide võlu peitub nende mitmekülgsuses – need pole lihtsalt magustoidud; need on söödavad kunstiteosed. Klassikalistest maitsetest nagu vanill ja šokolaad kuni eksootiliste kombinatsioonideni nagu punane samet ja matcha – võimalused on lõputud. Veidi loovust ja kujutlusvõimet kasutades saate muuta lihtsad koogid igaks sündmuseks suurepäraseks keskseks osaks.

Kuid koogipopside kunsti valdamine läheb kaugemale lihtsalt retsepti järgimisest. See on küpsetamise teaduse mõistmine, vormimis- ja kaunistamistehnikate valdamine ning igasse loomingusse armastuse ja kirge lisamine. Olenemata sellest, kas olete kogenud pagar või köögis algaja, juhendab see kokaraamat teid protsessi igal etapil alates täiusliku koogitaina segamisest kuni kastmis- ja kaunistamiskunsti valdamiseni.

Niisiis, haarake oma segamiskausid ja olge valmis oma sisemist artisti valla päästma, kui asume koos sellele armsale teekonnale. Olenemata sellest, kas küpsetate sünnipäevaks, pruutpaariks või lihtsalt hubaseks õhtuks, pakub "Koogipoppide kunst" igaühele midagi. Käärime käised üles, pühime põlledelt tolmu ja laske maagial alata!

JUUSTUSKOOK POPS

1.Kirsi-juustukoogi popid

KOOSTISOSAD:
JUUSTUKOOK:
- 2 tassi tooreid india pähkleid
- ½ tassi puhast vahtrasiirupit
- ½ tassi konserveeritud kookospiima
- 2 supilusikatäit sidrunimahla
- Näputäis soola
- 1 kuhjaga tass värskeid Montmorency hapukirsse

KOORIK:
- 1 tass tooreid kreeka pähkli poolikuid
- 6 kivideta Medjooli datlit
- ½ tl vaniljeekstrakti
- Näputäis soola

JUHISED:

a) Alustuseks leotage india pähkleid vees vähemalt 15-30 minutit.

b) Kooriku jaoks sega kreeka pähklid ja datlid köögikombainis peeneks hakitud. Lisa vaniljeekstrakt ja pulbeeri, kuni segu kleepub kokku. Vooderda leivavorm küpsetuspaberiga ja suru segu tugevalt põhja, et tekiks koorik. Kõrvale panema.

c) Kui india pähklid on leotatud, segage need köögikombainis vahtrasiirupi, kookospiima, sidrunimahla ja soolaga ühtlaseks ja kreemjaks, mis meenutab hummust. See võtab olenevalt köögikombaini suurusest umbes 5 kuni 8 minutit. Vala juustukoogi täidis ettevalmistatud koorikule ja silu ühtlaseks.

d) Laota Montmorency hapukirsid juustukoogi peale ja suru need õrnalt täidisesse.

e) Torka juustukoogi sisse 18 pulgakest, asetades 3 pulka laiusele ja 6 pulka pikuti. Asetage juustukook sügavkülma, kuni see taheneb, umbes 4 tundi.

f) Vahetult enne serveerimist võta juustukook sügavkülmast välja ja lase 5-10 minutit veidi sulada, kuni see on viilutamiseks piisavalt pehme.

g) Viiluta juustukook pulkade ümber 18 tükiks ja serveeri kohe. Ülejääke võib kuni söömiseni sügavkülmas hoida.

2.Red Velvet toorjuustukoogi pallid

KOOSTISOSAD:
KOOGIPALLIDE JAOKS:
- 1 karp punase sametise koogi segu
- ½ tassi soolamata võid, pehmendatud
- ½ tassi petipiima
- 3 suurt muna

TOORJUUSTU KÜLMUTUSEKS:
- 1 pakk (8 untsi) toorjuustu, pehmendatud
- ¼ tassi soolamata võid, pehmendatud
- 3 tassi tuhksuhkrut
- 1 tl vaniljeekstrakti

KOMMIKATE KOHTA:
- 12 untsi valgeid komme sulab või valge šokolaadi laastud
- Punane geeljas toiduvärv (valikuline)
- Punase sametise koogipuru (kaunistuseks, valikuline)

KOOGIPALLIDE KOOSTAMISEKS:
- Cake pop pulgad või pulgakommi pulgad

JUHISED:
KOOGIPALLIDE JAOKS:
a) Kuumuta ahi koogisegu karbil märgitud temperatuurini.
b) Määri ja jahu või vooderda ahjupann küpsetuspaberiga.
c) Valmistage segamisnõus punase sametkoogi segu vastavalt pakendi juhistele, kasutades soolamata võid, petipiima ja mune.
d) Küpseta kooki eelsoojendatud ahjus, kuni keskele torgatud hambaork tuleb puhtana välja.
e) Lase koogil täielikult jahtuda.

TOORJUUSTU KÜLMUTUSEKS:
f) Vahusta eraldi segamisnõus pehme toorjuust ja või ühtlaseks ja kreemjaks vahuks.
g) Lisa vähehaaval tuhksuhkur ja vaniljeekstrakt ning jätka vahustamist, kuni pakas on ühtlane ja määritav.

KOOGIPALLIDE KOOSTAMISEKS:
h) Purusta jahtunud kook käte või köögikombaini abil peeneks puruks.

i) Sega toorjuustu glasuur tordipuru hulka, kuni see on hästi segunenud.
j) Veereta segust väikesed, umbes pingpongipalli suurused tordipallid ja aseta need küpsetuspaberiga kaetud ahjuplaadile.
k) Jahuta koogipallid külmkapis umbes 30 minutit või kuni need on tahked.

KOMMIKATE KOHTA:
l) Sulata valged kommid või valge šokolaadi laastud vastavalt pakendi juhistele, kasutades mikrolaineahju või topeltboilerit.
m) Soovi korral lisage sulanud kommikattele paar tilka punast geelist toiduvärvi, et saavutada erksat punast värvi.

LÕPETAMA:
n) Kastke kookipulga ots sulanud kommikatte sisse ja torgake see umbes poole pealt jahutatud koogipalli keskele.
o) Kastke kogu koogipall sulatatud kommikatte sisse, veendudes, et see oleks täielikult kaetud.
p) Soovi korral kaunista iga koogipalli punase sametise koogipuruga, et saada võluvat puudutust.
q) Asetage koogipallid vahtpolüstüroolplokki või koogialusesse püsti, et kommikate täielikult hanguks.

3.Maasika-juustukoogi tordipallid

KOOSTISOSAD:
KOOGIPALLIDE JAOKS:
- 1 karp maasikakoogi segu
- ½ tassi soolamata võid, pehmendatud
- ½ tassi täispiima
- 3 suurt muna

JUUSTUSTOOGI TÄIDISEKS:
- 1 pakk (8 untsi) toorjuustu, pehmendatud
- ¼ tassi granuleeritud suhkrut
- 1 tl vaniljeekstrakti

KOMMIKATE KOHTA:
- 12 untsi valgeid komme sulab või valge šokolaadi laastud
- 2 supilusikatäit taimeõli või lühendamist

MAASIKAGLASUURI JAOKS:
- 1 tass värskeid maasikaid, hakitud
- ¼ tassi granuleeritud suhkrut
- 1 supilusikatäis maisitärklist
- 1 spl vett

KOOGIPALLIDE KOOSTAMISEKS:
- Cake pop pulgad või pulgakommi pulgad

JUHISED:
KOOGIPALLIDE JAOKS:
a) Kuumuta ahi koogisegu karbil märgitud temperatuurini.
b) Määri ja jahu või vooderda ahjupann küpsetuspaberiga.
c) Valmistage segamisnõus maasikakoogi segu vastavalt pakendi juhistele, kasutades soolamata võid, täispiima ja mune.
d) Küpseta kooki eelsoojendatud ahjus, kuni keskele torgatud hambaork tuleb puhtana välja.
e) Lase koogil täielikult jahtuda.

JUUSTUSTOOGI TÄIDISEKS:
f) Vahusta eraldi segamisnõus pehme toorjuust, granuleeritud suhkur ja vaniljeekstrakt ühtlaseks ja kreemjaks vahuks.
g) Koogipallide kokkupanemiseks:
h) Purusta jahtunud kook käte või köögikombaini abil peeneks puruks.

i) Sega juustukoogi täidis tordipuru hulka, kuni see on hästi segunenud.
j) Veereta segust väikesed, umbes pingpongipalli suurused tordipallid ja aseta need küpsetuspaberiga kaetud ahjuplaadile.
k) Jahuta koogipallid külmkapis umbes 30 minutit või kuni need on tahked.

KOMMIKATE KOHTA:
l) Sulata mikrolaineahjus kasutatavas kausis valged kommid või valge šokolaadi laastud taimeõliga või lühikeste ajavahemike järel segades ühtlaseks massiks.

MAASIKAGLASUURI JAOKS:
m) Sega potis tükeldatud maasikad, granuleeritud suhkur, maisitärklis ja vesi.
n) Küpseta keskmisel kuumusel pidevalt segades, kuni segu pakseneb ja maasikad lagunevad glasuuritaoliseks konsistentsiks.
o) Tõsta tulelt ja lase maasikaglasuuril jahtuda.

LÕPETAMA:
p) Kastke kookipulga ots sulanud kommikatte sisse ja torgake see umbes poole pealt jahutatud koogipalli keskele.
q) Kastke kogu koogipall sulatatud kommikatte sisse, veendudes, et see oleks täielikult kaetud.
r) Mõnusa viimistluse saamiseks nirista iga koogipalli jahutatud maasikaglasuuriga.
s) Asetage koogipallid vahtpolüstüroolplokki või koogialusesse püsti, et kommikate täielikult hanguks.

4.Vanilje-toorjuustukoogid

KOOSTISOSAD:
- 1 karp kollast koogisegu
- 2 supilusikatäit toorjuustukreemi
- 1 tordipallivormija
- 24 tortipulka
- 16 untsi sulavat šokolaadi
- 1 supilusikatäis lühenemist (jagatud)
- Valikuline: toiduvärv, puistad, vahtpolüstüroolkarp

JUHISED:
a) Valmista kollane koogisegu vastavalt pakendil olevale juhisele.
b) Lase koogil jahtuda, seejärel murenda see käsitsi peeneks puruks.
c) Sega toorjuustu glasuur tordipuru hulka, kuni segu muutub vormitavaks, meenutab mängutaigna.
d) Vormi segust käte abil 24 palli.
e) Sulata väike kogus šokolaadi.
f) Kasta iga koogipulga otsad sulašokolaadi sisse, seejärel pista need tordipallidesse.
g) Aseta koogipallid 15 minutiks sügavkülma tahenema.
h) Sulata 8 untsi šokolaadi 40-sekundiliste sammudega ühtlaseks massiks, jälgides, et see ei kuumeneks üle.
i) Vajadusel lisage sulatatud šokolaadile ½ supilusikatäit šokolaadi, et saavutada õhem konsistents.
j) Soovi korral lisage šokolaadile toiduvärvi.
k) Kastmise hõlbustamiseks vala sulatatud šokolaad kõrgesse klaasi.
l) Kastke iga koogipall sulašokolaadi sisse, laske koogipalli keerates üleliigsel maha tilkuda.
m) Enne šokolaadi tardumist lisage kiiresti puistad.
n) Asetage kaetud koogitükid küpsetuspaberile või lükake pulgad tardumiseks vahtpolüstüroolplokki.
o) Korrake kastmisprotsessi ülejäänud koogipallide jaoks.
p) Jahutage kooki, kuni need on serveerimiseks või transportimiseks valmis.

5.Konfetti Oreo juustukoogi pops

KOOSTISOSAD:
- 8 untsi toorjuustu, pehmendatud
- ½ tassi (60 g) tuhksuhkrut
- ¼ tassi (58 g) hapukoort
- 6 spl (90 ml) Oreo küpsisekreemi
- ½ tassi Oreo küpsiseid, purustatud
- 3 supilusikatäit Sprinkle'i, lisaks veel katteks
- 18 mini Oreo küpsist
- 12 untsi valget sulavat šokolaadi

JUHISED:
a) Sega labakinnitusega mikseris pehme toorjuust, tuhksuhkur, hapukoor ja Oreo küpsisemaitseline koor ühtlaseks ja kreemjaks.
b) Segage purustatud Oreo küpsised ja puistad, kuni need on hästi segunenud.
c) Kasutage väikest küpsiselussi, et jagada 18 palli küpsetuspaberiga kaetud alusele. Asetage plaat sügavkülma vähemalt 2 tunniks või kuni pallid on tugevad.
d) Sulata valge šokolaad väikeses anumas.
e) Kui pallid on põhjalikult külmunud, vormige igast kulbist peopesaga pall.
f) Kasta pulgakommipulga ots sulašokolaadi sisse, seejärel pista palliks. Pane pallid veel tunniks sügavkülma, et pulgad oleksid kindlalt kinni ja pallid tugevad.
g) Jagage 18 mini-Oreo küpsist pooleks. Tõsta pooled koorega kõrvale ja purusta ülejäänud pooled puruks.
h) Vajadusel soojendage šokolaadi uuesti. Kasta iga pall sulašokolaadi sisse, koputades ära üleliigne.
i) Aseta kaetud pallid küpsetuspaberiga kaetud alusele ja puista iga palli ülemisele poolele kohe purustatud mini Oreo puru. Korrake kõigi pallide puhul.
j) Valmistage väike kauss puistadega. Kastke iga palli alumine pool tagasi sulašokolaadi sisse, seejärel katke see puistega. Tõsta kaetud pallid alusele tagasi.
k) Poolita mini-Oreo küpsised ja kinnita need vähese sulašokolaadiga pallide külge.
l) Aseta popid külmikusse kuni vahetult enne serveerimist. Nautige!

6.Brownie juustukoogi popid

KOOSTISOSAD:
- 1 kott (10,25 untsi) Fudge Brownie Mix
- Brownie segu kotile on vaja lisada vett, taimeõli ja muna
- 3 pakki (igaüks 8 untsi) toorjuustu, pehmendatud
- 1 tass kreemjat maapähklivõid
- ¾ tassi suhkrut
- 4 muna
- 24 käsitööpulka (lamedad ümarate otstega puidust pulgad)
- 1 tass tumeda šokolaadi laastud (6 untsi)
- ½ tassi vahukoort
- 4 Grahami kreekeri ristkülikut, purustatud

JUHISED:
a) Kuumuta ahi temperatuurini 350 °F. Pihustage 8-tollist ruudukujulist panni küpsetuspihustiga. Valmistage ja küpsetage brownie segu vastavalt kotil olevatele juhistele, kasutades vett, õli ja muna. Lase täielikult jahtuda.

b) Vähendage ahju temperatuuri 300 ° F-ni. Vooderdage 13x9-tollise panni põhi ja küljed fooliumiga, jättes foolium kahele vastasküljele üle. Pihustage fooliumile küpsetuspihusti. Vahusta suures kausis toorjuust, maapähklivõi ja suhkur elektrimikseriga keskmisel kiirusel heledaks ja kohevaks vahuks. Lisa ükshaaval munad, vahustades kuni segunemiseni. Lõika jahtunud pruunid ½-tollisteks tükkideks. Sega brownie tükid taignasse, seejärel vala segu ettevalmistatud pannile.

c) Küpseta 45 kuni 50 minutit või kuni keskosa on hangunud. Jahuta jahutusrestil 30 minutit. Hoia külmkapis vähemalt 6 tundi või üleöö. Kasutage fooliumi, et juustukook pannilt välja tõsta, seejärel lõigake see 8-realiseks 3-realiseks. Vajutage iga juustukoogi tüki ühte otsa 1,5 tolli pikkune käsitööpulk.

d) Mikrolaineahjus küpsetatavas kausis küpsetage šokolaaditükid ja vahukoor ilma kaaneta kõrgel temperatuuril 1–2 minutit või kuni segu on ühtlaseks segatud. Jahuta 5 minutit.

e) Kastke iga juustukook pooleldi šokolaadi sisse, seejärel kastke küljed purustatud Grahami kreekeripuru sisse. Säilitage popsid külmkapis. Nautige!

7.Sidruni-toorjuustukoogid

KOOSTISOSAD:
KOOK POPS:
- 1 partii sidruni-petipiimakooki, küpsetatud ja jahutatud
- 1 partii toorjuustu glasuurit
- 1–2 pakki valget vaniljekommi sulab
- Kommi sulav värv (valikuline)
- Pritsid (valikuline)
- 50 4-tollist pulgakommpulka

SIDRUNIPETIPIIMAKOOK:
- 3 ½ tassi (349 grammi) koogijahu
- 2 tassi (383 grammi) granuleeritud suhkrut
- 1 spl küpsetuspulbrit
- ½ tl soola
- 1 tass soolata võid (2 pulka, 459 grammi), toasoe
- 1 kl petipiima (3,5 dl), toasoe
- 4 suurt muna, toasoe
- 2 suurt munavalget, toasoe
- 1 tl vaniljeekstrakti
- 1 tl sidruniekstrakti
- Ühe suure või kahe väikese sidruni koor

KREEMJUUSTU KRASTUS:
- 16 untsi (454 grammi) toorjuustu, pehmendatud
- ½ tassi soolamata võid (230 grammi), toatemperatuur
- 1 tl vaniljeekstrakti
- 2 ½ tassi (325 grammi) kondiitri suhkrut
- Näputäis soola

JUHISED:
KOOK POPS:

a) Murenda jahtunud sidruni-petipiimakoogid sõrmede abil suurde kaussi, kuni need murtakse hernesuurusteks tükkideks.

b) Sega sisse umbes ⅔ toorjuustukreemist, kuni see on ühtlaselt jaotunud. Vajadusel lisage veel glasuurit, kuni segu on piisavalt niiske, et veereda terveteks pallideks.

c) Veereta koogisegust pallikesed (igaüks umbes 2 supilusikatäit) ja aseta need pärgamendi või vahapaberiga kaetud ahjuplaadile. Jahuta külmkapis umbes 30 minutit.

d) Pärast jahutamist torgake pulgakommipulk igasse koogipallisse, kastke umbes ½ tolli pulgakesi nakkumiseks sulatatud kommisuladesse.

e) Aseta koogid tagasi pärgamendile ja pane enne katmist 30–60 minutiks sügavkülma, et hõlbustada kastmist.

f) Pärast jahutamist kastke iga koogipapp sulatatud kommisulatesse, tagades, et kate katab pulga kinnituskoha. Koputage üleliigne kate maha ja kaunistage soovi korral puistadega.

g) Enne pakkimist või serveerimist laske koogipottidel vähemalt tund kuivada.

SIDRUNIPETIPIIMAKOOK:

h) Kuumuta ahi temperatuurini 350 ° F. Või ja jahu kaks 8- või 9-tollist ümmargust koogivormi.

i) Sõelu või vispelda mikseri kausis kokku koogijahu, suhkur, küpsetuspulber, sool ja sidrunikoor. Lisa või ja pool petipiimast, seejärel vahusta keskmisel-madalal kiirusel, kuni segu on ühtlane.

j) Vahusta eraldi kausis munad, munavalged, ülejäänud petipiim, vaniljeekstrakt ja sidruniekstrakt. Lisage taignale 3 lisandina, segades keskmisel kiirusel 2 minutit pärast iga lisamist.

k) Jaga taigen ühtlaselt ettevalmistatud vormide vahel ja küpseta 35-40 minutit või kuni keskele torgatud hambaork tuleb puhtana välja. Jahuta pannidel enne restidele keeramist, et see täielikult jahtuda.

KREEMJUUSTU KRASTUS:

l) Sega segistis pehme toorjuust ja või, vahustades keskmisel-suurel kiirusel ühtlaseks massiks.

m) Lisa vaniljeekstrakt ja sool, sega, kuni segu on segunenud.

n) Lisa vähehaaval kondiitrisuhkur, vahustades heledaks ja kohevaks, umbes 3-4 minutit.

8. Šokolaadikilpkonna juustukoogid

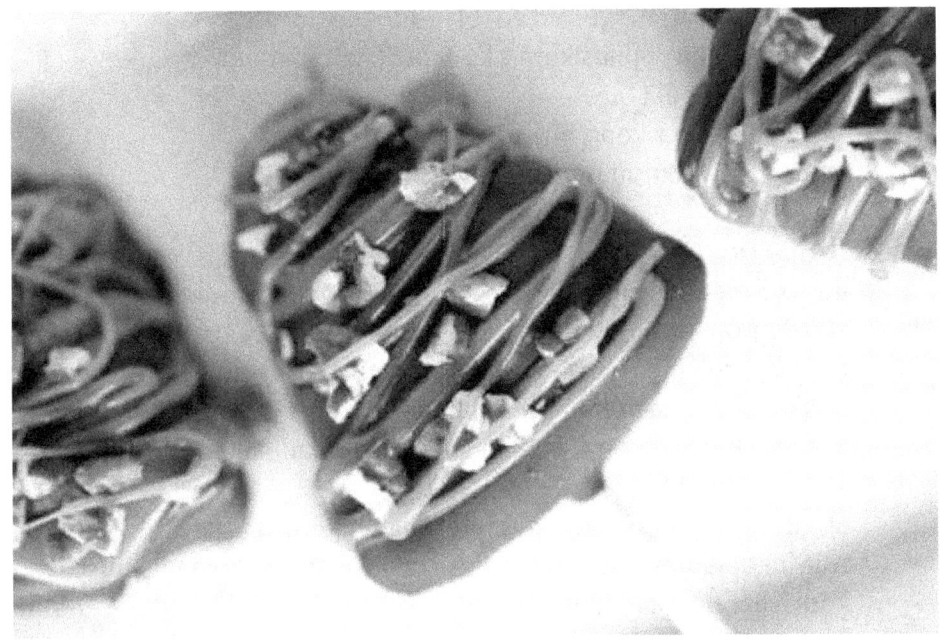

KOOSTISOSAD:
- 1 poest ostetud külmutatud juustukook, sulatatud (nt Sara Lee)
- 2 tassi poolmagusaid šokolaaditükke
- 2 kuhjaga supilusikatäit kookosõli või taimeõli
- 20 karamelli
- 2 spl rasket koort
- ⅓ tassi hakitud pekanipähklit

JUHISED:
a) Lõika sulatatud juustukook 8 kolmnurkseks viiluks. Torka iga viilu küljele popsipulk. Aseta viilud popsipulkadega 2 tunniks sügavkülma.

b) Segage mikrolaineahjus kasutatavas kausis šokolaaditükid ja kookosõli või taimeõli. Mikrolaineahjus kõrgel temperatuuril 1 minut. Segage, kuni see on täielikult sulanud. Vajadusel mikrolaineahjus veel 15-30 sekundit.

c) Eemalda juustukoogi viilud sügavkülmast. Hoia üks viil korraga sulašokolaadi kausi kohal ja tõsta lusikaga šokolaadi juustukoogile, kuni see on täielikult kaetud. Asetage iga šokolaadiga kaetud viil pärgamendi või vahapaberiga kaetud küpsiseplaadile. Korrake ülejäänud viilude puhul.

d) Karamelli tilgutamiseks kuumutage karamelle ja koort mikrolaineahjus kasutatavas kausis 50% võimsusel, segades iga 30 sekundi järel, kuni need on sulanud ja ühtlased.

e) Nirista sulatatud karamell šokolaadiga kaetud juustukoogi viiludele ja puista peale hakitud pekanipähklit. Tehke seda üks viil korraga, kuna karamell kuivab kiiresti.

f) Säilitage šokolaadikilpkonnajuustukooke kaetult külmkapis kuni 5 päeva.

g) Nautige oma maitsvat šokolaadikilpkonna juustukooki!

9.S'moresi juustukoogipopid

KOOSTISOSAD:
- 10 grahami kreekerit
- 8 spl võid, sulatatud
- 16 untsi toorjuustu, pehmendatud
- ½ tassi tuhksuhkrut
- 2 tl vaniljeekstrakti
- 3 tassi mini vahukomme
- 4 untsi valget šokolaadi, sulatatud
- 16 untsi piimašokolaadi või tumedat šokolaadi, sulatatud
- 2 tl kookosõli, valikuline

JUHISED:

a) Purusta sügavkülmakotis või köögikombainis grahami kreekerid liivataoliseks konsistentsiks. Lisa sulatatud või ja sega kuni segunemiseni.

b) Tõsta segu küpsetuspaberiga vooderdatud 8 x 8-tollisele (20 x 20 cm) ahjuvormi ja paki see tugevalt kokku, et moodustada "koorik". Pane sügavkülma, kuni juustukoogisegu on valmis.

c) Kuni koorik külmub, sega toorjuust, suhkur ja vaniljeekstrakt ning sega ühtlaseks massiks.

d) Laota vahukommid küpsetuspaberiga kaetud ahjuplaadile. Hauta vahukomme umbes 1–2 minutit, jälgides hoolikalt, et need ei kõrbeks, vaid muutuksid röstitud maitse saamiseks kuldpruuniks.

e) Kaabi röstitud vahukommid lehelt ettevaatlikult juustukoogisegu hulka. Sega korralikult läbi.

f) Tõsta röstitud vahukommi-juustukoogisegu küpsetusnõusse kooriku peale ja silu ühtlaseks.

g) Külmutage vähemalt 1–2 tundi, kuni segu on lõikamiseks piisavalt kõva. Eemaldage valmis juustukook vormist ja lõigake see ühtlasteks ruudukujulisteks vormideks, sõltuvalt soovitud suurusest.

h) Kastke iga pulk sulatatud valgesse šokolaadi ja asetage see igasse lõigatud ruutu, et kinnitada pulgad juustukooki. Külmutage kuni tahkeks, umbes üks tund.

i) Mikrolaineahjus küpsetage piima- (või tumedat) šokolaadi 15–30-sekundiliste sammudega, et see sulaks, segades iga kord hoolikalt. Lisa kookosõli, kui šokolaad tundub kastmiseks liiga paks.

j) Kasta komplekti popid šokolaadi sisse ja seisa tardumiseks püsti (pappkarp või vahtpolüstüroolitükk sobib kõige paremini, kui sul alust pole).

k) Kaunista ülejäänud valge šokolaadi ja purustatud grahami kreekeritega.

l) Nautige oma maitsvaid S'moresi juustukooke!

10.Vaarika juustukoogi pops

KOOSTISOSAD:
- 2 supilusikatäit rasket koort
- 8 untsi toorjuustu, pehmendatud
- ½ tassi pulbristatud vorsti
- Näputäis meresoola
- 1 tl vanilje steviat
- 1 ½ teelusikatäit vaarikaekstrakti
- 2-3 tilka naturaalset punast toiduvärvi
- ¼ tassi kookosõli, sulatatud
- 1 ½ tassi suhkruvaba šokolaaditükke

JUHISED:
a) Alustuseks kasutage mikserit, et segada koor ja toorjuust põhjalikult kuni kreemjaks.

b) Sega suures segamisnõus koor, vaarikaekstrakt, stevia, sool ja toiduvärv.

c) Veenduge, et kõik on hästi ühendatud.

d) Lisage oma kookosõli ja segage tugevalt, kuni kõik on põhjalikult segunenud.

e) Ärge unustage kausi külgi maha kraapida nii sageli kui vaja, et lõpetada. Laske sellel tund aega külmikus seista. Valage tainas umbes ¼-tollise läbimõõduga küpsiselussi ja seejärel küpsetuspaberiga kaetud ahjuplaadile.

f) Pange see segu tund aega sügavkülma ja seejärel katke see oma sulatatud šokolaadiga. Enne serveerimist tuleks see panna veel tunniks külmkappi tahenema.

11.Vaarika juustukoogi pops

KOOSTISOSAD:
- 1 tass toorjuustu, pehmendatud
- 1/2 tassi grahami kreekeripuru
- 1/4 tassi vaarikamoosi
- 1 tass valge šokolaadi laastud
- 1 spl kookosõli

JUHISED:

a) Sega kausis toorjuust, graham kreekeripuru ja vaarikamoos ühtlaseks massiks.

b) Vormi segust väikesed pallid ja aseta need vooderdatud ahjuplaadile.

c) Sulata mikrolaineahjus või topeltboileri abil valge šokolaaditükid kookosõliga.

d) Kasta iga juustukoogipall sulatatud valge šokolaadi sisse, kata ühtlaselt.

e) Aseta kaetud pallid tagasi küpsetuspaberiga kaetud ahjuplaadile ja pane külmkappi, kuni šokolaad taheneb.

f) Serveeri jahutatult ja naudi vaarika-juustukoogi maitset!

12.Missioon viigimarja juustukoogi pops

KOOSTISOSAD:
Popsi jaoks:
- 1 1/2 tassi purustatud Graham kreekerid
- 1/4 tassi soolata võid, sulatatud
- 1 tass toorjuustu, pehmendatud
- 1/4 tassi tuhksuhkrut
- 1/4 tassi viigimarjakonservi
- 1/2 tl vaniljeekstrakti
- Näputäis soola
- 1 tass kuivatatud viigimarju, peeneks hakitud
- 8 untsi valget šokolaadi kastmiseks
- 1 spl taimeõli

Viigimarjakompoti jaoks:
- 1 tass kuivatatud viigimarju, hakitud
- 1/2 tassi vett
- 1/4 tassi suhkrut
- 1/2 tl sidrunikoort
- 1/2 tl sidrunimahla

GANATHE POOLT:
- 4 untsi poolmagusat šokolaadi, tükeldatud
- 1/2 tassi rasket koort

JUHISED:
VALMISTA VIIGILIKOMPOTT:
a) Sega väikeses kastrulis hakitud kuivatatud viigimarjad, vesi, suhkur, sidrunikoor ja sidrunimahl.

b) Lase segul keskmisel kuumusel keema tõusta, seejärel alanda kuumust ja lase podiseda umbes 10 minutit või kuni viigimarjad on pehmed ja segu paksenenud.

c) Eemaldage kuumusest ja laske sellel jahtuda. Mis tahes lisakompotti saate hoida külmkapis.

TEE JUUSTUSTOOGI TÄIDIST:
d) Sega keskmises segamiskausis toorjuust, tuhksuhkur, viigimarjakonservid, vaniljeekstrakt ja näputäis soola.

e) Segage, kuni kõik koostisosad on hästi segunenud ja ühtlased.

KOKKU KOKKUVÕTE:

f) Segage eraldi segamisnõus purustatud grahami kreekerid ja sulatatud või. Sega, kuni puru on ühtlaselt võiga kaetud.
g) Võtke väike kogus Grahami kreekeri segu ja suruge see silikoonvormi või tavalise jääkuubiku alusele, tekitades koorikukihi.
h) Tõsta igas vormis Grahami kreekerikoore peale lusikaga väike kogus juustukoogi täidist.
i) Lisa juustukoogitäidise peale väike lusikatäis viigimarjakompotti.
j) Puista kompotile ohtralt näpuotsaga peeneks hakitud kuivatatud misjoni viigimarju.
k) Katke iga vorm veel juustukoogi täidisega, kattes viigimarjakompott täielikult.
l) Pane vormid sügavkülma vähemalt 2 tunniks või kuni need on tahked.

TEE ŠOKOLAADIGANAŠET:
m) Segage mikrolaineahjus kasutatavas kausis tükeldatud poolmagus šokolaad ja koor.
n) Küpseta mikrolaineahjus 30-sekundiliste intervallidega, vahepeal segades, kuni šokolaad on täielikult sulanud ja segu ühtlane. Teise võimalusena võite šokolaadi pliidiplaadil kahekordse katla abil sulatada.

KOKKU KOKKUVÕTE:
o) Eemaldage külmutatud juustukook Pops vormidest.
p) Sulata mikrolaineahjus kasutatavas kausis valge šokolaad ja taimeõli 30-sekundiliste intervallidega, vahepeal segades ühtlaseks massiks.
q) Kastke iga Pops sulatatud valgesse šokolaadi, tagades, et need on ühtlaselt kaetud. Laske üleliigsel šokolaadil maha tilkuda.
r) Asetage kaetud Popsid pärgamentpaberiga vooderdatud alusele.
s) Nirista šokolaadiga ganache Popsi peale ja lase taheneda.
t) Serveeri ja naudi oma Mission Fig juustukoogipoppe!

13. Marjajuustukoogi pops

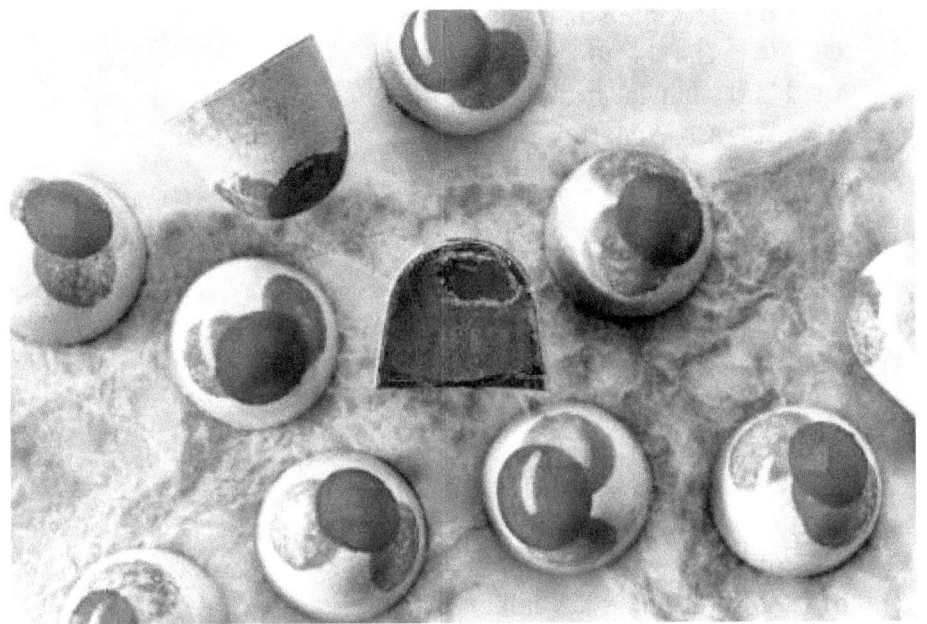

KOOSTISOSAD:

MARJA-JUUSTUSTOOGI TÄIDISEKS:
- 8 untsi toorjuustu, pehmendatud
- 1/4 tassi tuhksuhkrut
- 1/2 tl vaniljeekstrakti
- 1/2 tassi segatud marju (maasikad, mustikad, vaarikad jne), peeneks hakitud

VÄLISSE ŠOKOLAADI KATTEKS:
- 8 untsi hea kvaliteediga poolmagusat või tumedat šokolaadi, tükeldatud
- 1 supilusikatäis taimeõli või kookosõli (valikuline, ühtlasema katte saamiseks)

JUHISED:

VALMISTA MARJA-JUUSTUSTOOGI TÄIDIS:
a) Vahusta segamisnõus pehme toorjuust, kuni see on ühtlane ja kreemjas.
b) Lisa tuhksuhkur ja vaniljeekstrakt ning sega ühtlaseks.
c) Sega õrnalt sisse peeneks hakitud segatud marjad, olge tekstuuri säilitamiseks ettevaatlik, et mitte üle segada.

VORMI TÄIDIS:
d) Vooderda küpsetusplaat või plaat küpsetuspaberiga.
e) Kasutades väikest lusikat või melonipalli, võtke juustukoogi täidisest välja väikesed osad ja vormige need väikesteks pallideks. Asetage need küpsetuspaberile.
f) Asetage kandik umbes 20-30 minutiks sügavkülma, et juustukoogi täidis kõvaks muutuda.

VALMISTAGE ŠOKOLAAIKATE:
g) Sulata mikrolaineahjukindlas kausis või topeltboileri abil tükeldatud šokolaad. Kui kasutad, lisa ühtlasema ja õhema šokolaadikatte saamiseks taimeõli.

COAT THE Pops:
h) Eemaldage juustukoogi täidis sügavkülmast.
i) Kastke kahvli või hambatikuga iga juustukoogi pall sulatatud šokolaadi sisse, tagades, et see on täielikult kaetud.

j) Laske üleliigsel šokolaadil maha tilkuda ja asetage kaetud Popsid tagasi pärgamentpaberiga kaetud alusele.

JAHUTA JA SEADISTA:

k) Asetage kandik kaetud Popsidega külmkappi ja laske neil umbes 30 minutit jahtuda või kuni šokolaadikate on hangunud.

l) Kui popsid on täielikult hangunud, võite need tõsta serveerimistaldrikule või hoida neid külmkapis õhukindlas anumas.

14. Tsitrusviljade juustukoogi pops

KOOSTISOSAD:
TSITRUSE PIPEABLE PATE DE FRUIT GEELI KOHTA:
- 1 tass tsitrusviljamahla (sidrun, laim, apelsin või segu)
- 1/4 tassi granuleeritud suhkrut
- 2 spl pektiini
- Tsitrusviljade koor
- Kollane ja oranž toiduvärv (valikuline)

KREEMJUUSTU GANATŠE JUURDE:
- 8 untsi toorjuustu, pehmendatud
- 1/2 tassi valget šokolaadi, tükeldatud
- 1/4 tassi rasket koort
- 2 spl soolata võid
- 1 tl puhast vaniljeekstrakti

TORJUTAV KÜPSISE PÕHJA KOHTA:
- 1/2 tassi soolamata võid, pehmendatud
- 1/4 tassi granuleeritud suhkrut
- 1 tass universaalset jahu
- 1/4 teelusikatäit soola
- 1/2 tl puhast vaniljeekstrakti

PÄHKLIVABA ALTERNATIIV:
- Küpsisepõhja asemel kasuta päevalilleseemnevõid või muud pähklivaba määret.

JUHISED:
TSITRUSE PIPEABLE PATE DE FRUIT GEELI KOHTA:
a) Sega potis tsitruseliste mahl ja suhkur. Kuumuta keskmiselmadalal tulel segades kuni suhkur on lahustunud.

b) Eraldi kausis segage pektiin vähese veega, et tekiks läga. Lisage see suspensioon tsitrusviljade segule ja segage pidevalt.

c) Kuumuta segu keemiseni, seejärel alanda kuumust ja hauta 2-3 minutit, kuni see pakseneb.

d) Eemaldage tulelt, segage tsitruseliste koor ja soovi korral lisage toiduvärvi.

e) Vala geel silikoonvormi või vooderdatud alusele ja lase jahtuda ning külmikusse paariks tunniks tahenema või kuni tahkuma tahenema.

KREEMJUUSTU GANATŠE JUURDE:

f) Sulata valge šokolaad mikrolaineahjus või topeltkatlas ja tõsta kõrvale veidi jahtuma.

g) Vahusta segamisnõus pehme toorjuust ühtlaseks ja kreemjaks vahuks.

h) Kuumuta väikeses potis koor ja või, kuni see on kuum, kuid mitte keema. Vala see sulatatud valge šokolaadi peale ja sega ühtlaseks.

i) Lisa valge šokolaadi segu ja vaniljeekstrakt toorjuustule ning sega ühtlaseks massiks. Tõsta kõrvale jahtuma.

TORJUTAV KÜPSISE PÕHJA KOHTA:

j) Vahusta segamisnõus pehme või ja suhkur heledaks ja kohevaks vahuks.

k) Lisa vaniljeekstrakt, jahu ja sool. Sega kuni moodustub tainas.

l) Tõsta tainas suure ümara otsaga torukotti.

m) Toruge väike kogus tainast Popsi vormi põhja.

KOOSTAMINE:

n) Tõsta väike kogus toorjuustu ganache'i vormidesse küpsisepõhja peale.

o) Asetage ganache peale tükk Citrus Pipeable Pate de Fruit Geli.

p) Tõsta geelile veel üks kiht toorjuustu ganache'i, täites vormid ülaosani.

q) Lase Popsil külmkapis taheneda paar tundi või kuni need on tahked.

r) Pikema säilivusaja tagamiseks hoidke tsitruseliste juustukooke õhukindlas anumas külmkapis. Õige ladustamine aitab säilitada nende värskust ja maitset.

15. Kirsi-juustukoogi pops

KOOSTISOSAD:
KIRSI-JUUSTUSTOOGI TÄIDISEKS:
- 8 untsi toorjuustu, pehmendatud
- 1/4 tassi tuhksuhkrut
- 1/2 tl vaniljeekstrakti
- 1/2 tassi konserveeritud kirsipiruka täidist

VÄLISSE ŠOKOLAADI KATTEKS:
- 8 untsi kvaliteetset valget või tumedat šokolaadi, tükeldatud
- 1 supilusikatäis taimeõli või kookosõli (valikuline, ühtlasema katte saamiseks)

JUHISED:
VALMISTA KIRSI-JUUSTUSTOOGI TÄIDIS:
a) Vahusta segamisnõus pehme toorjuust, kuni see on ühtlane ja kreemjas.
b) Lisa tuhksuhkur ja vaniljeekstrakt ning sega ühtlaseks.
c) Voldi konserveeritud kirsipirukatäidis ettevaatlikult sisse, olge tekstuuri säilitamiseks ettevaatlik, et mitte üle segada.

VORMI TÄIDIS:
d) Vooderda küpsetusplaat või plaat küpsetuspaberiga.
e) Võtke väikese lusika või melonipalliga välja väikesed osad kirsi-juustukoogi täidisest ja vormige need väikesteks pallideks. Asetage need küpsetuspaberile.
f) 3. Külmutage täidis:
g) Asetage kandik umbes 20-30 minutiks sügavkülma, et juustukoogi täidis kõvaks muutuda.

VALMISTAGE ŠOKOLAAIKATE:
h) Sulata mikrolaineahjukindlas kausis või topeltboileri abil tükeldatud šokolaad. Kui kasutad, lisa ühtlasema ja õhema šokolaadikatte saamiseks taimeõli.
i) Eemaldage juustukoogi täidis sügavkülmast.
j) Kastke kahvli või hambatikuga iga kirsi-juustukoogi pall sulatatud šokolaadi sisse, tagades, et see on täielikult kaetud.
k) Laske üleliigsel šokolaadil maha tilkuda ja asetage kaetud Popsid tagasi pärgamentpaberiga kaetud alusele.

JAHUTA JA SET:
l) Asetage kandik kaetud Popsidega külmkappi ja laske neil umbes 30 minutit jahtuda või kuni šokolaadikate on hangunud.
m) Kui popsid on täielikult hangunud, võite need tõsta serveerimistaldrikule või hoida neid külmkapis õhukindlas anumas.

16.Maasika-juustukoogi pops

KOOSTISOSAD:
MAASIKA-JUUSTUSTOOGI TÄIDISEKS:
- 8 untsi toorjuustu, pehmendatud
- 1/4 tassi tuhksuhkrut
- 1/2 tl vaniljeekstrakti
- 1/2 tassi värskeid maasikaid, peeneks hakitud

VÄLISSE ŠOKOLAADI KATTEKS:
- 8 untsi kvaliteetset valget või tumedat šokolaadi, tükeldatud
- 1 supilusikatäis taimeõli või kookosõli (valikuline, ühtlasema katte saamiseks)

JUHISED:
VALMISTA MAASIKA-JUUSTUKOOGI TÄIDIS:
a) Vahusta segamisnõus pehme toorjuust, kuni see on ühtlane ja kreemjas.
b) Lisa tuhksuhkur ja vaniljeekstrakt ning sega ühtlaseks.
c) Voldi õrnalt sisse peeneks hakitud värsked maasikad, vältides tekstuuri säilitamiseks liigset segamist.

VORMI TÄIDIS:
d) Vooderda küpsetusplaat või plaat küpsetuspaberiga.
e) Võtke väikese lusika või melonipalliga maasika-juustukoogi täidisest välja väikesed osad ja vormige need väikesteks pallideks. Asetage need küpsetuspaberile.
f) Asetage kandik umbes 20-30 minutiks sügavkülma, et juustukoogi täidis kõvaks muutuda.

VALMISTAGE ŠOKOLAAIKATE:
g) Sulata mikrolaineahjukindlas kausis või topeltboileri abil tükeldatud šokolaad. Kui kasutad, lisa ühtlasema ja õhema šokolaadikatte saamiseks taimeõli.
h) Eemaldage juustukoogi täidis sügavkülmast.
i) Kastke iga maasika-juustukoogi pall kahvli või hambatikuga sulatatud šokolaadi sisse, tagades, et see on täielikult kaetud.
j) Laske üleliigsel šokolaadil maha tilkuda ja asetage kaetud Popsid tagasi pärgamentpaberiga kaetud alusele.

JAHUTA JA SEADISTA:
k) Asetage kandik kaetud Popsidega külmkappi ja laske neil umbes 30 minutit jahtuda või kuni šokolaadikate on hangunud.
l) Kui popsid on täielikult hangunud, võite need tõsta serveerimistaldrikule või hoida neid külmkapis õhukindlas anumas.

17.Sidruni mustika juustukoogi pops

KOOSTISOSAD:
- 1 tass toorjuustu, pehmendatud
- 1/4 tassi tuhksuhkrut
- 1 sidruni koor
- 1/2 tassi mustikaid, värskeid või külmutatud
- 1 tass valge šokolaadi laastud
- 1 spl kookosõli

JUHISED:

a) Sega kausis toorjuust, tuhksuhkur ja sidrunikoor ühtlaseks massiks.

b) Murra õrnalt sisse mustikad.

c) Vormi segust väikesed pallid ja aseta need vooderdatud ahjuplaadile.

d) Sulata mikrolaineahjus või topeltboileri abil valge šokolaaditükid kookosõliga.

e) Kasta iga juustukoogipall sulatatud valge šokolaadi sisse, kata ühtlaselt.

f) Aseta kaetud pallid tagasi küpsetuspaberiga kaetud ahjuplaadile ja pane külmkappi, kuni šokolaad taheneb.

LÕBUSAD JA VÄRVILISED KOOKIPOPSID

18. Cutton Candy Cake Pops

KOOSTISOSAD:
- 1 karp koogisegu (teie valitud maitse)
- Koogisegu jaoks vajalikud koostisosad (munad, õli, vesi)
- Jäätus (teie valitud maitse)
- Suhkruvatt
- Pulgakommpulgad
- Kommid sulavad või šokolaaditükid (valikuline)

JUHISED:
a) Valmista koogisegu karbil oleva juhendi järgi.
b) Pärast küpsetamist ja jahtumist murendage kook suurde segamisnõusse.
c) Lisa murendatud koogile glasuur ja sega, kuni segu on hästi segunenud ja segu püsib koos.
d) Veereta segust väikesed pallid ja torka igasse pallikese sisse pulgakommipulk.
e) Sulata kommid või šokolaaditükid (kui kasutad) ja kasta iga koogitükk sulatatud kattesse, lastes ülejäägil maha tilkuda.
f) Kuni kate on veel märg, puista koogitopside peale purustatud suhkruvatt.
g) Aseta koogid püstiselt alusele või küpsetuspaberiga kaetud ahjuplaadile, et kate hanguks.
h) Kui suhkruvatt on hangitud, on need nautimiseks valmis!

19.Funfetti konfetti koogipopsid

KOOSTISOSAD:
KOOKIPOPSI JAOKS:
- 1 karp funfetti koogi segu
- ½ tassi soolamata võid, pehmendatud
- ½ tassi täispiima
- 3 suurt muna
- ½ tassi värvilisi konfettipuisteid

KOMMIKATE KOHTA:
- 12 untsi valgeid komme sulab või valge šokolaadi laastud
- 2 supilusikatäit taimeõli või lühendamist
- Täiendavad värvilised konfettipuistad (kaunistuseks)

KOOKIPOPSI KOOSTAMISEKS:
- Cake pop pulgad või pulgakommi pulgad

JUHISED:
KOOKIPOPSI JAOKS:
a) Kuumuta ahi koogisegu karbil märgitud temperatuurini.
b) Määri ja jahu või vooderda ahjupann küpsetuspaberiga.
c) Valmistage segamisnõus funfetti koogisegu vastavalt pakendi juhistele, kasutades soolamata võid, täispiima ja mune.
d) Voldi värvilised konfetid õrnalt koogitainasse, kuni need on ühtlaselt jaotunud.
e) Küpseta kooki eelsoojendatud ahjus, kuni keskele torgatud hambaork tuleb puhtana välja.
f) Lase koogil täielikult jahtuda.
g) Tortide kokkupanemiseks:
h) Purusta jahtunud kook käte või köögikombaini abil peeneks puruks.
i) Veereta segust väikesed, umbes pingpongipalli suurused tordipallid ja aseta need küpsetuspaberiga kaetud ahjuplaadile.
j) Jahuta koogipallid külmkapis umbes 30 minutit või kuni need on tahked.

KOMMIKATE KOHTA:
k) Sulata mikrolaineahjus kasutatavas kausis valged kommid või valge šokolaadi laastud taimeõliga või lühikeste ajavahemike järel segades ühtlaseks massiks.

LÕPETAMA:
l) Kastke kookipulga ots sulanud kommikatte sisse ja torgake see umbes poole pealt jahutatud koogipalli keskele.
m) Kastke kogu koogipall sulatatud kommikatte sisse, veendudes, et see oleks täielikult kaetud.
n) Piserdage kaetud koogipopsiga koheselt värvilisi konfettipuisteid, enne kui kate hangub.
o) Asetage koogitükid püsti vahtpolüstüroolplokki või tordialusesse, et kommikate täielikult hanguks.

20.Vanilje ja puistad Cake Pops

KOOSTISOSAD:
KOOKIPOPSI JAOKS:
- 1 karp vaniljekoogi segu
- ½ tassi soolamata võid, pehmendatud
- ½ tassi täispiima
- 3 suurt muna

KÜRMUMISEKS:
- ½ tassi soolamata võid, pehmendatud
- 2 tassi tuhksuhkrut
- 1 tl vaniljeekstrakti
- 2 supilusikatäit täispiima

KOMMIKATE KOHTA:
- 12 untsi valgeid komme sulab või valge šokolaadi laastud
- Värvilised puistad (valikuline)

KOOKIPOPSI KOOSTAMISEKS:
- Cake pop pulgad või pulgakommi pulgad

JUHISED:
KOOKIPOPSI JAOKS:
a) Kuumuta ahi koogisegu karbil märgitud temperatuurini.
b) Määri ja jahu või vooderda ahjupann küpsetuspaberiga.
c) Valmistage segamisnõus vaniljekoogisegu vastavalt pakendi juhistele, kasutades soolamata võid, täispiima ja mune.
d) Küpseta kooki eelsoojendatud ahjus, kuni keskele torgatud hambaork tuleb puhtana välja.
e) Lase koogil täielikult jahtuda.

KÜRMUMISEKS:
f) Vahusta eraldi segamisnõus pehme või ühtlaseks ja kreemjaks vahuks.
g) Lisage vähehaaval tuhksuhkur, vaniljeekstrakt ja täispiim ning jätkake vahustamist, kuni koor on ühtlane ja määritav.

KOOKIPOPSI KOOSTAMISEKS:
h) Purusta jahtunud kook käte või köögikombaini abil peeneks puruks.
i) Lisa glasuur koogipurule ja sega ühtlaseks.

j) Veereta segust väikesed, umbes pingpongipalli suurused tordipallid ja aseta need küpsetuspaberiga kaetud ahjuplaadile.

k) Jahuta koogipallid külmkapis umbes 30 minutit või kuni need on tahked.

KOMMIKATE KOHTA:

l) Sulata valged kommid või valge šokolaadi laastud vastavalt pakendi juhistele, kasutades mikrolaineahju või topeltboilerit.

m) Kastke kookipulga ots sulanud kommikatte sisse ja torgake see umbes poole pealt jahutatud koogipalli keskele.

n) Kastke kogu koogitükk sulanud kommkatte sisse ja veenduge, et see oleks täielikult kaetud.

o) Lisa värvilisi puisteid (soovi korral), kui kate on veel märg.

LÕPETAMA:

p) Asetage koogitükid püsti vahtpolüstüroolplokki või tordialusesse, et kommikate täielikult hanguks.

21.Trüffulipuu koogipopid

KOOSTISOSAD:
KOOKIPOPSI JAOKS:
- 1 karp teie lemmikkoogisegu (pluss karbil loetletud koostisosad)
- ½ tassi võikreemi glasuur (poest ostetud või omatehtud)
- Pulgakommpulgad

KATTE KOHTA:
- 1 pakend vaniljemaitseline kommikate
- Erinevad erksad toiduvärvid (Trüffula puuvärvide jaoks)
- Söödavad värvilised suhkrud või puistad (puulatvade jaoks)

JUHISED:
KOOKIPOPSI JAOKS:
a) Kuumuta ahi vastavalt koogisegu juhistele. Määri ja jahuga koogivorm.
b) Valmista koogisegu pakendi juhiste järgi.
c) Küpseta kooki vastavalt juhendile ja lase täielikult jahtuda.
d) Kui kook on jahtunud, murenda see suures segamiskausis peeneks puruks.
e) Lisa võikoorekaste koogipurule ja sega ühtlaseks. Segu peaks olema taignataolise konsistentsiga.
f) Vormi segust väikesed tordisuurused pallikesed ja aseta need pärgamendiga vooderdatud alusele.
g) Torka igasse tordipallikese sisse pulgakommipulgad, et tekiks kook.

KATTE KOHTA:
h) Murra vaniljekate tükkideks ja aseta kuumakindlasse kaussi.
i) Sulata vaniljekate vastavalt pakendi juhistele. Tavaliselt hõlmab see mikrolaineahjus 30-sekundiliste intervallidega, kuni see täielikult sulab.
j) Jaga sulatatud vaniljekate väiksematesse kaussidesse ja lisa igasse kaussi erinevat erksat toiduvärvi, mis esindab Truffula puude erinevaid värve.
k) Kastke iga koogipapp värvilise kattega, tagades ühtlase katte.
l) Enne kattekihi tardumist puista iga koogitüki peale söödavaid värvilisi suhkruid või puistasid, et meenutada trühvlipuu tuttidega ladva.
m) Enne serveerimist laske kattel täielikult taheneda.

22. Sünnipäevatort Popcorn

KOOSTISOSAD:
- 8 tassi popkorni
- 1 tass valge šokolaadi laastud
- ½ tassi koogisegu (teie maitse valik)
- ¼ tassi värvilisi puisteid

JUHISED:
a) Tõsta popkorn suurde kaussi ja tõsta kõrvale.
b) Mikrolaineahjus kasutatavas kausis sulatage valge šokolaadi laastud mikrolaineahjus 30-sekundiliste intervallidega, vahepeal segades, kuni need on täielikult sulanud ja ühtlased.
c) Sega koogisegu sulatatud valge šokolaadi hulka, kuni see on hästi segunenud.
d) Valage valge šokolaadi segu popkornile ja segage õrnalt, kuni popkorn on ühtlaselt kaetud.
e) Puista värvilised puistad popkornile ja viska uuesti, et puistad jaotuks.
f) Laota popkorn küpsetuspaberiga kaetud ahjuplaadile ja lase jahtuda, kuni valge šokolaad taheneb.
g) Kui popkorn on tahenenud, purustage see väiksemateks tükkideks ja viige see hoiustamiseks või serveerimiseks õhukindlasse anumasse.

23.Külmkuivatatud keegliga koogipott

KOOSTISOSAD:
- 1 ½ tassi valmistatud ükssarvikukooki, murendatud
- 2 ½ supilusikatäit vanilje glasuuri
- 6 untsi Candy Melts, sulanud ja soe
- Oranž toiduvärv
- ¼ tassi tükeldatud külmkuivatatud keegel

JUHISED:
a) Sega kausis kokku murendatud ükssarvikukook ja vaniljeglasuur. Segage, kuni see on hästi segunenud.
b) Veereta segust 12 ühesuurust palli.
c) Soojenda kommisula ja lisa oranž toiduvärv, sega, kuni saavutad soovitud värvi.
d) Kastke pulgakommipulga üks ots umbes ½ tolli värvilisesse kommisulamisse ja sisestage see kohe umbes poolenisti koogipalli sisse. Korrake seda iga koogipopi puhul.
e) Asetage koogitükid vooderdatud lehtvormile ja asetage need 15 minutiks sügavkülma, et need tahkuksid.
f) Kata iga koogipapp värvilise kommisulaga, tagades ühtlase ja sileda katte.
g) Puista viivitamatult tükeldatud külmkuivatatud SKITTLES kommikattega koogipapadele, kui kate on veel märg.
h) Asetage valmis koogitükid tagasi vooderdatud lehtvormile ja laske neil taheneda.
i) Kui kommikate on tahenenud, on teie külmkuivatatud keeglitega Celebration Cake Pops nautimiseks valmis!

24.Lõbusad ja pidulikud koogid

KOOSTISOSAD:
- 1 pakk koogisegu (tavalise suurusega), mis tahes maitsega
- 1 tass valmistatud glasuur, mis tahes maitse
- 48 pulgakommipulka
- 2–½ naela tumedat šokolaadi, piimašokolaadi, valget või roosat kommikatet, jämedalt hakitud
- Valikulised lisandid: mitteparellid, purustatud piparmündikommid, peeneks hakitud india pähklid, magustamata kookospähkel, erinevad puistad, peeneks hakitud kristalliseerunud ingver, purustatud piparmündiküpsised, sulatatud karamell ja jäme meresool

JUHISED:
a) Valmistage ja küpsetage koogisegu vastavalt pakendi juhistele, kasutades rasvainega määritud 13x9-tollist ahjupanni. Lase koogil restil täielikult jahtuda.

b) Murenda jahtunud kook suurde kaussi. Lisa glasuur ja sega korralikult läbi. Vormige segust 1-½-tollised pallid ja asetage need küpsetusplaatidele. Torka igasse palli sisse pulgakommipulk. Pane vähemalt 2 tunniks sügavkülma või pane vähemalt 3 tunniks külmkappi, kuni koogipallid on tihked.

c) Sulata mikrolaineahjus kommikate. Kasta iga koogipall kattesse, lase üleliigsel maha tilkuda. Rulli, puista või nirista koogitükke oma valitud lisanditega.

d) Sisestage koogitükid vahtplokki, et need püsti seisma jääksid. Laske neil seista, kuni kate hangub.

25. Rainbow Swirl Cake Pops

KOOSTISOSAD:
- 1 karp vaniljekoogi segu
- Toiduvärv (punane, oranž, kollane, roheline, sinine, lilla)
- 1 purk glasuurit
- Pulgakommpulgad
- Valge šokolaad sulab
- Piserdab

JUHISED:
a) Valmista vaniljekoogi segu vastavalt pakendi juhistele.
b) Jaga taigen ühtlaselt kuue kaussi.
c) Vikerkaarevärvide loomiseks lisage igasse kaussi erinev toiduvärv.
d) Tõsta lusikaga väikesed kogused igat värvilist tainast vooderdatud koogivormi, moodustades kihte.
e) Küpseta kooki vastavalt pakendi juhistele ja lase täielikult jahtuda.
f) Murenda jahtunud kook suures kausis peeneks puruks.
g) Lisa koogipurule glasuur ja sega, kuni segu on hästi segunenud ja segu hoiab oma kuju.
h) Veereta koogisegust väikesed pallid ja aseta need vooderdatud ahjuplaadile.
i) Torka igasse koogipalli sisse pulgakommipulk ja pane 15 minutiks sügavkülma.
j) Sulata valge šokolaad sulab vastavalt pakendi juhistele.
k) Kasta iga koogipapp sulašokolaadi sisse, lastes üleliigsel maha tilkuda.
l) Kaunista puistega ja lase enne serveerimist šokolaadil taheneda.

26.Ükssarviku koogipopid

KOOSTISOSAD:
- 1 karp koogisegu (mis tahes maitsega)
- 1 purk glasuurit
- Pastelsetes toonides fondant
- Söödav kullatolm või puistad
- Pulgakommpulgad
- Kommid sulavad (valge)
- Söödavad markerid või geeljas toiduvärv

JUHISED:
a) Valmista koogisegu pakendi juhiste järgi ja lase täielikult jahtuda.
b) Murenda jahtunud kook suures kausis peeneks puruks.
c) Lisa koogipurule glasuur ja sega, kuni segu on hästi segunenud ja segu hoiab oma kuju.
d) Veereta koogisegust väikesed pallid ja aseta need vooderdatud ahjuplaadile.
e) Torka igasse koogipalli sisse pulgakommipulk ja pane 15 minutiks sügavkülma.
f) Rullige fondant lahti ja lõigake välja kujundid ükssarviku kõrvade, sarvede ja muude kaunistuste jaoks.
g) Sulata kommid sulavad vastavalt pakendi juhistele.
h) Kasta iga koogipopp sulatatud kommisulatesse ja lase üleliigsel maha tilkuda.
i) Kinnitage fondant-kaunistused koogipaberitele, kuni kommikate on veel märg.
j) Täiendava maagia saamiseks puista üle söödava kullatolmu või puistadega.
k) Enne serveerimist laske kommikattel tarduda.

27. Galaxy Cake Pops

KOOSTISOSAD:
- 1 karp šokolaadikoogi segu
- Söödavad litrid või tähepuiturid
- Must-valge komm sulab
- Pulgakommpulgad
- Hõbedane söödav värv või toiduvärv
- Söödavad hõbe- või kuldtähed

JUHISED:
a) Valmista šokolaadikoogisegu pakendi juhiste järgi ja lase täielikult jahtuda.
b) Murenda jahtunud kook suures kausis peeneks puruks.
c) Lisa koogipurule glasuur ja sega, kuni segu on hästi segunenud ja segu hoiab oma kuju.
d) Veereta koogisegust väikesed pallid ja aseta need vooderdatud ahjuplaadile.
e) Torka igasse koogipalli sisse pulgakommipulk ja pane 15 minutiks sügavkülma.
f) Sulata must komm sulab vastavalt pakendi juhistele.
g) Kastke iga koogitükk sulanud musta kommisulasse, laske üleliigsel maha tilkuda.
h) Galaktika efekti loomiseks piserdage kohe üle söödavate litritega või tärniga.
i) Sulata valged kommisulad ja nirista tähtede tekitamiseks koogipottidele.
j) Kasutage söödavat hõbedast värvi või toiduvärvi, et lisada galaktikale täiendavaid detaile.
k) Lisa sära saamiseks puista üle söödavate hõbe- või kuldtähtedega.
l) Enne serveerimist laske kommikattel tarduda.

ŠOKOLAADIKOOK POPS

28. Chocolate Fudge koogipallid

KOOSTISOSAD:
KOOGIPALLIDE JAOKS:
- 1 karp šokolaadi-fudge koogi segu
- ½ tassi soolamata võid, pehmendatud
- ½ tassi täispiima
- 3 suurt muna

ŠOKOLAADI KATTE JAOKS:
- 12 untsi poolmagusaid šokolaaditükke või tumedat šokolaadi sulab
- 2 supilusikatäit taimeõli või lühendamist
- Šokolaadipudrud või purustatud pähklid (valikuline, kaunistamiseks)

KOOGIPALLIDE KOOSTAMISEKS:
- Cake pop pulgad või pulgakommi pulgad

JUHISED:
KOOGIPALLIDE JAOKS:
a) Kuumuta ahi koogisegu karbil märgitud temperatuurini.
b) Määri ja jahu või vooderda ahjupann küpsetuspaberiga.
c) Valmistage segamiskausis šokolaadi-fudge koogi segu vastavalt pakendi juhistele, kasutades soolamata võid, täispiima ja mune.
d) Küpseta kooki eelsoojendatud ahjus, kuni keskele torgatud hambaork tuleb puhtana välja.
e) Lase koogil täielikult jahtuda.

KOOGIPALLIDE KOOSTAMISEKS:
f) Purusta jahtunud kook käte või köögikombaini abil peeneks puruks.
g) Veereta tordipurust väikesed, umbes pingpongipalli suurused tordipallid ja aseta need küpsetuspaberiga kaetud ahjuplaadile.
h) Jahuta koogipallid külmkapis umbes 30 minutit või kuni need on tahked.

ŠOKOLAADI KATTE JAOKS:
i) Sulata mikrolaineahjus kasutatavas kausis poolmagusad šokolaaditükid või tume šokolaad koos taimeõliga või lühikeste ajavahemike järel segades ühtlaseks.
j) Lõpetama:

k) Kastke kookipulga ots sulašokolaadi sisse ja torgake see umbes poole pealt jahtunud koogipalli keskele.

l) Kastke kogu koogipall sulatatud šokolaadi sisse, veendudes, et see on täielikult kaetud.

m) Kaunista šokolaadipudruste või purustatud pähklitega (soovi korral), kuni kate on veel märg.

n) Asetage koogipallid vahtpolüstüroolplokki või koogialusesse püsti, et šokolaadikate saaks täielikult taheneda.

29.Šokolaad ja kommid sulatavad kooki

KOOSTISOSAD:
- 1 šokolaadikook (omatehtud või poest ostetud)
- 1 tass šokolaadiglasuuri
- 2 tassi šokolaadikommi sulatusi (kastmiseks)
- Erinevad puistad ja kaunistused

JUHISED:

a) Küpseta šokolaadikooki vastavalt pakendi juhistele või eelistatud retseptile. Laske sellel täielikult jahtuda.

b) Purusta jahtunud šokolaadikook suures kausis käte või kahvli abil peeneks puruks.

c) Lisa koogipurule šokolaadiglasuur ja sega ühtlaseks. Segu peaks olema piisavalt niiske, et pallideks rullides oma kuju säiliks.

LÕBUSATE KUJUDE meisterdamine:

d) Olge loominguline, vormides koogisegu lõbusateks ja kujutlusvõimelisteks kujunditeks. Kasutage küpsisevormi või vormige väikestest portsjonitest loomad, tähed või muud mängulised vormid.

SISESTA KOOK-POP PUNGID:

e) Sisesta meisterdatud kujunditesse cake pop pulgad. Veenduge, et need oleksid kindlalt paigutatud, võimaldades hõlpsat käsitsemist.

f) Aseta vormitud koogid vähemalt 30 minutiks külmkappi tahenema.

SULATA ŠOKOLAADI KOMMI KATE:

g) Sulata šokolaadikomm sulab järgides pakendi juhiseid.

h) Kasutage kindlasti mikrolaineahjukindlat kaussi või kahekordset boilerit.

KASTA JA KAUNISTA:

i) Kastke iga jahutatud koogipapp sulašokolaadi sisse, kattes selle täielikult. Enne küpsetuspaberile asetamist laske liigsel šokolaadil maha tilkuda.

LOOV KASUTAMISE JA KAUNISTAMISTEHNIKA:

j) Tutvuge erinevate kastmis- ja kaunistamistehnikatega. Isikupärastatud kujunduse loomiseks saate niristada täiendavalt sulašokolaadi, puistata värvilisi katteid või kasutada isegi söödavaid markereid.

k) Lase kaunistatud koogipottidel taheneda, kuni šokolaadikate on tihke.

l) Kui olete valmis, nautige neid maitsvaid ja visuaalselt meeldivaid hõrgutisi!

30.Saksa šokolaadikoogid

KOOSTISOSAD:
KOOK:
- 1 omatehtud Saksa šokolaadikook

KOOKOSPEKANIPÄHLI-PEKANIPÄHLI KRASTUS:
- 1 purk (14 untsi) magustatud kondenspiima
- ½ tassi soolata võid, sulatatud
- 3 munakollast
- 1 ½ tassi hakitud kookospähklit
- 1 tass hakitud pekanipähklit
- 2 tl vaniljeekstrakti

TRÜHVLID:
- 4 tassi sulatatud poolmagusaid šokolaaditükke
- 1 tass hakitud kookospähklit
- 1 tass hakitud pekanipähklit

JUHISED:
KOOK:
a) Kuumuta ahi 350 kraadi Fahrenheiti järgi.
b) Valmista ja küpseta kook vastavalt pakendil olevale juhisele.
c) Laske koogil jahtuda, seejärel murendage see väikesteks tükkideks. Kõrvale panema.

KOOKOSPEKANIPÄHLI-PEKANIPÄHLI KRASTUS:
d) Sega kastrulis sulatatud või, magustatud kondenspiim ja munakollased.
e) Segage segu pidevalt keskmisel kuumusel, kuni see pakseneb, umbes 10 minutit.
f) Tõsta kastrul tulelt ja sega hulka vanilliekstrakt, hakitud kookospähkel ja hakitud pekanipähklid.
g) Laske glasuuril aeg-ajalt segades vähemalt 30 minutit tulelt maha jahtuda.

KOOGI TRÜHVLID:
h) Sega suures segamiskausis kokku murendatud kook ja kookose-pekanipähkli glasuur. Sega hästi.
i) Vormige segust 1-tollised pallid ja asetage need väikesele küpsetusplaadile või muule küpsetuspaberiga vooderdatud sügavkülmakindlale pinnale.

j) Pane koogipallid sügavkülma umbes 30 minutiks kuni tunniks, kuni need on kõvad.

k) Kui koogipallid on tihked, sulata klaasnõus mikrolaineahjus šokolaaditükid, kuumuta minutilise intervalliga ja sega ühtlaseks.

l) Aseta rebitud kookospähkel ja hakitud pekanipähklid piserdamiseks eraldi kaussidesse.

m) Kastke fondüüpulga või sarnase tööriista abil iga koogipall sulašokolaadi sisse ja asetage see tagasi küpsetuspaberile.

n) Enne šokolaadi tardumist puista igale šokolaadiga kaetud tordipallile väike kogus hakitud kookospähklit ja hakitud pekanipähklit.

o) Kui kõik koogipallid on šokolaadiga kaetud ja kaunistatud, nirista iga trühvli peale veidi sulanud karamelli.

p) Enne serveerimist lase šokolaadil taheneda. Protsessi saab kiirendada, kui paned trühvlid soovi korral 30 minutiks külmkappi.

31. Šokolaadikattega kõrvitsakoogid

KOOSTISOSAD:
- 1 karp Betty Crocker Super Moist Devil's Food Cake Mix (või mõni muu šokolaadimaitseline)
- 1 ½ tassi konserveeritud kõrvitsapiruka segu (mitte kõrvitsapüree)
- 2 supilusikatäit Betty Crocker Rich & Creamy Chocolate Frostingi (16 untsi vannist)
- 2 tassi tumeda šokolaadi kommi sulab
- 2 supilusikatäit puisteid

JUHISED:
a) Kuumuta ahi temperatuurini 350 °F (175 °C). Koguge kõik koostisosad kokku.
b) Sega suures kausis šokolaadikoogisegu ja konserveeritud kõrvitsapiruka segu. Sega, kuni segu on ühtlane, seejärel jaota see ühtlaselt 9x13-tollisse ahjuvormi.
c) Küpseta kooki 30–35 minutit või kuni keskosa puudutamisel kergelt tagasi tõuseb.
d) Võta kook ahjust välja ja lase täielikult jahtuda. Kui see on jahtunud, lõigake koogi servad ära ja visake need ära. Murenda ülejäänud kook suurde kaussi.
e) Sega murendatud kook šokolaadiglasuuriga, kuni moodustub Play-Doh tekstuuriga sarnane tainas.
f) Rulli koogitainast 12 palli. Soovi korral pista iga palli keskele paberkõrs, et tekiks kook.
g) (Valikuline: sulatage tume šokolaadikommid vastavalt pakendi juhistele.)
h) Kasta iga koogipopp sulatatud tumedasse šokolaadi, kuni see on täielikult kaetud. Laske üleliigsel šokolaadil maha tilkuda.
i) Asetage šokolaadiga kaetud koogid küpsetuspaberiga kaetud ahjuplaadile.
j) Enne šokolaadi tardumist piserdage koogitopside ülaosasid värviliste puistega.
k) Enne serveerimist lase šokolaadil täielikult taheneda. Nautige oma maitsvaid šokolaadiga kaetud kõrvitsakooke!

32. Šokolaadiapelsini koogipopsid

KOOSTISOSAD:
- 120g soolata võid, pehmendatud
- 150 g tuhksuhkrut
- 1 apelsini koor
- 1 tl apelsinimahla
- 2 suurt muna, lahtiklopitud
- 180g isekerkivat jahu
- 3 spl piima, toatemperatuuril
- 200 g tumedat šokolaadi
- Sprinklid (teie valikul)

JUHISED:

a) Kuumuta ahi 180°C-ni (350°F) ja vahusta pehme või ja tuhksuhkur heledaks ja kohevaks.

b) Lisage apelsinikoor ja -mahl, seejärel segage järk-järgult lahtiklopitud munad, kuni segu muutub heledaks ja kohevaks.

c) Sega juurde isekerkiv jahu ja pool piimast, kuni see on täielikult segunenud. Korrake seda sammu ülejäänud jahu ja piimaga.

d) Määri silikoonvormi alumine pool (ilma auguta pool) võiga, seejärel vala segu igasse tassi ühtlaseks.

e) Asetage vormi ülemine pool alumisele poolele ja kinnitage need kokku, et küpsetamisel tekiks täiuslikud kerad.

f) Küpseta 35 minutit ahju keskmisel riiulil kuldpruuniks.

g) Kaunistamiseks sulata tume šokolaad bain-marie's. Kasta pulgakommipulkade ots sulašokolaadi sisse ja pista need koogipopi pallidesse. Laske neil mõni minut jahtuda, kuni need on tahked.

h) Kui see on kõva, kastke iga koogipapp sulašokolaadi sisse, tagades, et need on täielikult kaetud. Üleliigse katte eemaldamiseks koputage pulgale õrnalt.

i) Asetage koogivormi ülemine pool tasasele pinnale. Suru kookipulgad tugevalt vormi peal olevatesse aukudesse ja lase šokolaadil mõni minut jahtuda.

j) Kaunista puiste, pähklite, glasuuriga või täiendava šokolaadiga. Märkus. Kui kasutate lahtiseid koostisosi, nagu puistad, ärge laske šokolaadil täielikult taheneda, kuna need ei kleepu.

k) Mõned kaunistamismeetodid võivad nõuda šokolaadi kõvastumist, näiteks glasuuri või täiendava šokolaadi kasutamisel.

l) Šokolaaditrühvlite valmistamiseks määri need lihtsalt šokolaadiga ja lase rasvapaberil jahtuda.

33. Horchata valge šokolaadi trühvel

KOOSTISOSAD:
- 1 tass prantsuse vaniljekoogi segu sõelutud
- ¼ tl jahvatatud kaneeli
- 4 untsi toorjuustu
- 11 untsi kott valge šokolaadi laastudega, jagatud
- 1 supilusikatäis võid
- ⅓ tassi Chila 'Orchatat
- 1 supilusikatäis kookosõli
- Puistad kaunistuseks

JUHISED:
a) Toorjuustu ja või kreemitamiseks kasutage elektrimikserit.
b) Sulata pool valge šokolaadi laastudest mikrolaineahjus ja sega iga 30 sekundi järel ühtlaseks.
c) Lisa šokolaad mikserisse ja sega kokku toorjuustuseguga. Lisa Chila rumm.
d) Sõelu koogisegu sõela abil eraldi kaussi, et eemaldada kõik tükid.
e) Sega koogisegu hulka kaneel.
f) Lisa aeglaselt miksri kaussi kuivained ja sega ühtlaseks.
g) Hoidke seda segu mõneks tunniks külmkapis, et täidis tahkuks.
h) Tee täidisest väikese kulbi abil pall. Veereta need käega pallideks (see võib olla kleepuv, kuid see on okei) ja seejärel tuhksuhkrusse. Pane 30 minutiks sügavkülma.
i) Eemaldage need sügavkülmast ja vormige pallid soovi korral ümber.
j) Küpseta mikrolaineahjus teine pool valge šokolaadi laastudest koos 1 spl kookosõliga, segades iga 30 sekundi järel ühtlaseks.
k) Kastke lusikaga pallid šokolaadikatte sisse ja katke need hoolikalt.
l) Tõsta need vahapaberiga kaetud ahjuplaadile ning lisa kohe puistad ja kaunistused.
m) Asetage need korraks tagasi sügavkülma, et taheneda.
n) Serveeri pallid kommitopsides. Nautige!

34. Kolmekordsed šokolaadikoogid

KOOSTISOSAD:
- ¾ tassi Ghirardelli magustamata kakaod
- 2 tassi universaalset jahu
- 1 tl küpsetuspulbrit
- 1 tl söögisoodat
- ½ tl soola
- 1 tass võid või margariini, pehmendatud
- 1-¾ tassi suhkrut
- 2 tl vanilli
- 2 suurt muna
- 1-⅓ tassi piima
- 6 spl võid, pehmendatud
- 2⅔ tassi tuhksuhkrut
- ½ tassi Ghirardelli magustamata kakaod
- ⅓ tassi piima
- ½ tl vaniljeekstrakti
- 5 tassi Ghirardelli 60% kakao-magusa šokolaadiga küpsetuskrõpse
- 2 supilusikatäit lühendamist
- 58 ümmargust paberist pulgakommi või puidust käsitööpulka
- ⅔ tassi Ghirardelli Classic valgeid küpsetuskrõpse

JUHISED:
GRAND FUDGE KOOK:
a) Kuumuta ahi temperatuurini 350 °F. Määri ja kergelt jahuga kaks 9-tollist ümmargust koogivormi. Sega keskmises kausis kakao, jahu, küpsetuspulber, sooda ja sool; kõrvale panema. Sega suures kausis koorvõi ja suhkur keskmisel-suurel kiirusel kuni heledaks ja kohevaks, umbes 4 minutit.

b) Vähendage kiirust ja lisage ükshaaval vanill ja munad, kraapides kaussi pärast iga lisamist. Lisa vaheldumisi jahusegu ja piim (alustades ja lõpetades jahuseguga), samal ajal madalal kiirusel segades. Jätka segamist ühtlaseks massiks.

c) Vala ettevalmistatud pannidesse. Küpseta 30–35 minutit või kuni koogi keskele torgatud koogitester tuleb puhtana välja.

GHIRARDELLI VÕIKREEMEKREEM:
d) Vahusta või kausis heledaks ja kohevaks vahuks. Eraldi kausis sega tuhksuhkur kakaoga.

e) Blenderda suhkrusegu võiga vaheldumisi piimaga, pärast iga lisamist korralikult kloppides. Vahusta ühtlaseks. Blenderda vaniljega.

KOLMEKOGUNE ŠOKOLAADIKOOK POPS:

f) Murenda Grand Fudge Cake väga suurde kaussi. Lisa Ghirardelli võikreemi glasuur. Vahusta elektrimikseriga madalal kiirusel, kuni segu on segunenud. Tõsta segu väikese kulbi või lusikaga 1–½-tollisteks küngasteks vahatatud paberiga kaetud küpsetusplaatidele. Veereta künkad pallideks ja pane 30 minutiks sügavkülma.

g) Segage väikeses mikrolaineahjus kasutatavas kausis ¼ tassi Ghirardelli 60% Cacao Bittersweet Chocolate küpsetuskrõpse ja ¼ teelusikatäit küpsetuskreemi.

h) Küpseta keskmise võimsusega (50 protsenti) 1 minut. Eemalda ja sega ühtlaseks. Kasta iga pulgakommpulga üks ots sulašokolaadi sisse ja torka pulgad koogipallidesse (see aitab pallidel pulkadele jääda). Külmutage 30–60 minutit või kuni pallid on tugevad.

i) Kuumutage Ghirardelli Classic White Baking Chips väikeses mikrolaineahjus kasutatavas kausis keskmise võimsusega (50 protsenti) 1 minut. Eemaldage ja segage. Kui see ei ole sulanud, pöörduge tagasi mikrolaineahju ja korrake kuumutamist, segades iga 30 sekundi järel, et vältida kõrbemist. Sega ühtlaseks. Kõrvale panema.

j) Samal ajal segage suures mikrolaineahjus kasutatavas kausis ülejäänud Ghirardelli 60% kakao-magusa šokolaadi küpsetuslaastud ja ülejäänud küpsetuslaastud.

k) Mikrolaineahjus keskmise võimsusega (50 protsenti) 2 minutit. Eemaldage ja segage. Kui šokolaad ei ole sulanud, naaske mikrolaineahju ja korrake kuumutamist, segades iga 30 sekundi järel, et vältida kõrbemist.

l) Töötades partiidena, kasta külmutatud pallid sulatatud mõrkjasmagusa šokolaadi sisse. Laske üleliigsel maha tilkuda. Kui mõrkjas šokolaad on just tahenenud, nirista popsid sulanud valge šokolaadiga. Aseta ettevalmistatud küpsetusplaatidele. Lase seista 30 minutit või kuni šokolaad on tahenenud.

m) Kui šokolaad on hangunud, viige see säilitusnõusse ja hoidke kaetult külmkapis kuni 1 nädal. Lase enne serveerimist toatemperatuuril seista vähemalt 30 minutit.

35.Valge šokolaadi koogid

KOOSTISOSAD:
- 600 g Greeni vanillimudakooki
- ¼ tassi Dollar Sweets 100s & 1000s
- 2 vabapidamisel peetavat muna
- ¼ tassi taimeõli
- 20g soolata võid, pehmendatud
- 360g valge šokolaadi plokke, tükeldatud

JUHISED:
a) Küpsetage mudakooki vastavalt pakendi juhistele, kasutades mune, taimeõli ja ½ tassi vett. Lase koogil täielikult jahtuda.
b) Tükeldage kook jämedalt ja asetage see suurde kaussi. Purusta kook puhaste kätega.
c) Valmista porikoogi glasuur vastavalt paki juhendile, kasutades võid. Lisa glasuur murendatud koogile ja sega ühtlaseks.
d) Vooderda 2 suurt ahjuplaati küpsetuspaberiga. Tihendage ja rullige supilusikatäied segust munakujulisteks pallideks, et saada kokku 30 palli. Sisestage iga pall kookipulga või -vardaga. Hoia külmkapis 15 minutit või kuni taheneb.
e) Aseta valge šokolaad väikesesse kuumakindlasse kaussi väikese keeva veega kastruli peale (jälgi, et kausi põhi vett ei puutuks). Küpseta 5 minutit, aeg-ajalt segades või kuni sulamiseni.
f) Kastke iga munakujuline koogipall ükshaaval katmiseks sulašokolaadi sisse, laske üleliigsel šokolaadil ära nõrguda, seejärel puistake 100 ja 1000 kaupa laiali.
g) Tõsta kaetud koogitükid tagasi plaatidele, seejärel jahuta 15 minutit või kuni need on tardunud. Serveeri ja naudi!

36.Mündišokolaaditükkidega koogipopid

KOOSTISOSAD:
ŠOKOLAADIKOOK:
- 2 tassi suhkrut
- 1¾ tassi universaalset jahu
- ¾ tassi magustamata kakaopulbrit
- 2 tl söögisoodat
- 1 tl küpsetuspulbrit
- 1 tl soola
- 2 muna
- 1 tass petipiima
- 1 tass kanget musta kohvi
- ½ tassi taimeõli
- 2 tl vaniljeekstrakti

VÕIKREEM:
- ½ pulga võid, toasoe
- 1 tass tuhksuhkrut
- 2 tl piima
- ½ tl vanilli
- ¼ tl piparmündi ekstrakti
- ¼ tassi mini šokolaaditükke

KATE:
- 1 naela tume šokolaad
- ¼ naela valge šokolaadi kate (heleroheline)

JUHISED:
TOOGI JAOKS:
a) Kuumuta ahi temperatuurini 350 °F ja määri 9 x 13-tolline pann, vooderdades see küpsetuspaberiga.

b) Sega kausis suhkur, jahu, kakaopulber, sooda, küpsetuspulber ja sool. Segage madalal kuumusel, kuni segu on täielikult segunenud.

c) Lisa munad, petipiim, kohv, õli ja vanill. Vahusta keskmisel kiirusel umbes kaks minutit, kuni tainas on õhuke.

d) Valage tainas ühtlaselt ettevalmistatud pannile ja küpsetage 30–35 minutit või kuni keskele torgatud hambaork jääb puhtaks.

e) Lase koogil restil täielikult jahtuda.

VÕIKREEEMI JAOKS:

f) Vahusta või suurel kiirusel traatkinnitusega mikseris heledaks ja kreemjaks.
g) Lülitage aeglasele kiirusele ja lisage aeglaselt tuhksuhkur, segades, kuni see on segunenud.
h) Lisage vanilje ja piim, seejärel lülitage tagasi suurele kiirusele ja vahustage, kuni see muutub heledaks ja kohevaks.

KOOSTAMINE:
i) Kui kook on jahtunud, purusta see käte või kahe kahvli abil peeneks puruks.
j) Segage suures kausis puru ¼ tassi + 1 spl võikreemi, piparmündiekstrakti ja minišokolaaditükkidega, kuni need on täielikult segunenud.
k) Kasutage väikest jäätiselussi, et koogisegust välja võtta osad ja rullige neid käte vahel, et moodustada ümaraid kujundeid.
l) Asetage pallid taldrikule ja katke kilega, seejärel jahutage vähemalt 2 tundi.
m) Sulata tume šokolaadi kate mikrolaineahjus kasutatavas kausis 30-sekundiliste sammudega, segades pärast iga kuumutamist, kuni see sulab.
n) Kasta pulgakommipulk sulašokolaadi sisse, seejärel pista see tordipalli keskele.
o) Kasta koogipall sulatatud šokolaadi sisse, kuni see on täielikult kaetud, koputades ära üleliigne.
p) Kui üleliigne šokolaad on maha tilkunud, asetage kook vahtpolüstüroolplokile kuivama.
q) Kui šokolaad on kuivanud, sulatage roheline šokolaadikate ja asetage see väikese ümara otsaga torukotti.
r) Nirista koogitükkidele rohelise šokolaadi jooned, kattes kõik küljed, seejärel asetage need tagasi vahtpolüstüroolplokki kuivama.

37.Starbucksi šokolaadikoogid

KOOSTISOSAD:
- 1 karp šokolaadikoogi segu
- ⅓ tassi šokolaadiglasuuri
- 1 kott šokolaadikommi sulab (12 untsi)
- Valged puistad

JUHISED:
a) Alustage koogi valmistamisega vastavalt pakendi juhistele.
b) Vahusta koogisegu, vesi, taimeõli ja munad suures segamisnõus.
c) Valage tainas võiga määritud 9x13-tollisse ahjuvormi või kahte 8x8-tollisse ümmargusse koogivormi. Küpseta 350-kraadises ahjus, kuni keskele torgatud hambaork tuleb puhtana välja.
d) Lase koogil täielikult jahtuda, seejärel murenda see kahvliga suures kausis või ahjuvormis peeneks koogipuruks. Segage glasuur murenenud koogile, katke kilega ja külmutage, kuni see on jahtunud.
e) Veereta segu küpsisekulbiga ja kätega ühtlase suurusega pallideks ja aseta need küpsiseplaadile. Võtke eesmärgiks pingpongi palli suurus. Pane uuesti sügavkülma, kuni pallid on kõvad.
f) Külmalt on koogist ja glasuuri segust lihtsam täiesti ümmargusteks pallideks veeretada. Segu on üliniiske ja toatemperatuuril on neid ülimalt raske täuslikuks vormida. Kui need on külmunud, keerake neile külgede silumiseks veel üks väike rull, seejärel asetage need küpsetusplaadile.
g) Sulata piimašokolaadikompveki sulamine mikrolaineahjus 30-sekundilise sammuga või topeltkatlas. Kasta iga pulgakommipulk šokolaadi sisse ja seejärel torka see ühte koogipallidesse. Tehke seda kõigiga ja asetage need uuesti sügavkülma, kuni need on tahkunud.
h) Kasta pallid õrnalt sulašokolaadi sisse või lusikaga šokolaadi pallidele ja keera katteks, lastes liigsel šokolaadil küpsetuspaberile nõrguda. Soovi korral kaunista puistaga.
i) Asetage need kõvenemiseks püsti vahtpolüstüroolplokki või pappkarpi. Nüüd on teil lihtsad koogid!

38. Chocolate Espresso Cake Pops

KOOSTISOSAD:
- 2 tassi šokolaadikoogi puru (küpsetatud šokolaadikoogist)
- 1/2 tassi šokolaadi ganache
- 1 tass tumeda šokolaadi laastud
- 1 spl taimeõli
- Lahustuv espressopulber (tolmu eemaldamiseks)

JUHISED:
a) Sega kausis šokolaadikoogipuru ja šokolaadi ganache, kuni need on hästi segunenud.
b) Vormi segust väikesed pallid ja aseta need vooderdatud ahjuplaadile.
c) Pane pallid umbes 30 minutiks sügavkülma.
d) Sulata tume šokolaad koos taimeõliga mikrolaineahjus või topeltboileri abil.
e) Kasta iga külmutatud šokolaadi-espresso koogipall sulatatud tumedasse šokolaadi, kattes ühtlaselt.
f) Pühkige iga kaetud palli ülaosa lahustuva espressopulbriga.
g) Aseta kaetud pallid tagasi küpsetuspaberiga kaetud ahjuplaadile ja pane külmkappi, kuni šokolaad taheneb.

39. Red Velvet Cake Pops

KOOSTISOSAD:
- 2 tassi punase sametise koogipuru (küpsetatud punase sametkoogist)
- 1/2 tassi toorjuustu glasuur
- 1 tass valge šokolaadi laastud
- 1 spl taimeõli
- Punane toiduvärv (valikuline)

JUHISED:
a) Sega kausis punase sametise koogipuru ja toorjuustukoor, kuni need on hästi segunenud.
b) Vormi segust väikesed pallid ja aseta need vooderdatud ahjuplaadile.
c) Pane pallid umbes 30 minutiks sügavkülma.
d) Sulata mikrolaineahjus või topeltboileriga valge šokolaaditükid taimeõliga.
e) Kui soovid sügavamat punast värvi, lisa sulavalgele šokolaadile punast toiduvärvi.
f) Kasta iga külmutatud punane sametine koogipall sulatatud valgesse šokolaadi, kattes ühtlaselt.
g) Aseta kaetud pallid tagasi küpsetuspaberiga kaetud ahjuplaadile ja pane külmkappi, kuni šokolaad taheneb.

PUHJALISED KOOK POPSID

40.Sidruni vaarika koogipopsid

KOOSTISOSAD:
KOOKIPOPSI JAOKS:
- 1 karp sidrunikoogi segu
- ½ tassi soolamata võid, pehmendatud
- ½ tassi täispiima
- 3 suurt muna
- Ühe sidruni koor

VAARIKATÄIDISE JUURDE:
- 1 tass värskeid vaarikaid
- 2 supilusikatäit granuleeritud suhkrut

KOMMIKATE KOHTA:
- 12 untsi valgeid komme sulab või valge šokolaadi laastud
- Kollane või roosa toiduvärv (valikuline)
- Sidrunikoor (kaunistuseks, valikuline)

KOOKIPOPSI KOOSTAMISEKS:
- Cake pop pulgad või pulgakommi pulgad

JUHISED:
KOOKIPOPSI JAOKS:
a) Kuumuta ahi koogisegu karbil märgitud temperatuurini.
b) Määri ja jahu või vooderda ahjupann küpsetuspaberiga.
c) Valmistage segamisnõus sidrunikoogi segu vastavalt pakendi juhistele, kasutades soolamata võid, täispiima, mune ja sidrunikoort.
d) Küpseta kooki eelsoojendatud ahjus, kuni keskele torgatud hambaork tuleb puhtana välja.
e) Lase koogil täielikult jahtuda.

VAARIKATÄIDISE JUURDE:
f) Püreesta eraldi kausis värsked vaarikad granuleeritud suhkruga ühtlaseks püreeks.

KOOKIPOPSI KOOSTAMISEKS:
g) Purusta jahtunud kook käte või köögikombaini abil peeneks puruks.
h) Sega vaarikapüree tordipuru hulka, kuni see on hästi segunenud.
i) Veereta segust väikesed, umbes pingpongipalli suurused tordipallid ja aseta need küpsetuspaberiga kaetud ahjuplaadile.

j) Jahuta koogipallid külmkapis umbes 30 minutit või kuni need on tahked.

KOMMI KATTE KOHTA:

k) Sulata valged kommid või valge šokolaadi laastud vastavalt pakendi juhistele, kasutades mikrolaineahju või topeltboilerit.

l) Soovi korral lisage sulatatud kommikattele paar tilka kollast või roosat toiduvärvi, et saavutada pastelne toon.

m) Kastke kookipulga ots sulanud kommikatte sisse ja torgake see umbes poole pealt jahutatud koogipalli keskele.

n) Kastke kogu koogitükk sulanud kommkatte sisse ja veenduge, et see oleks täielikult kaetud.

LÕPETAMA:

o) Soovi korral kaunista iga koogitükk sidrunikoorega, et saada rohkem sidrunimaitset.

p) Asetage koogitükid püsti vahtpolüstüroolplokki või tordialusesse, et kommikate täielikult hanguks.

41. Maasikakoogikoogid

KOOSTISOSAD:
MAASIKAKOORDI JAOKS:
- 1 karp maasikakoogi segu (pluss karbil loetletud koostisosad)

MAASIKAPURITOOGI TÄIDISEKS:
- 1 tass kuubikuteks lõigatud värskeid maasikaid
- 2 spl suhkrut

KOOKIPOPPI KOOSTAMISEKS :
- 1 pakk CandiQuik (vaniljemaitseline kommikate)
- Pulgakommipulgad või kookipulgad
- Valge šokolaadi laastud või valged kommid sulavad (kaunistuseks)
- Pritsid või söödavad kaunistused (valikuline)

JUHISED:
MAASIKAKOORDI JAOKS:
a) Kuumuta ahi maasikakoogi segamisjuhiste järgi.
b) Valmista maasikakoogi tainas karbil oleva juhendi järgi.
c) Küpseta kooki vastavalt juhendile ja lase täielikult jahtuda.

MAASIKAPURITOOGI TÄIDISEKS:
d) Sega kausis kuubikuteks lõigatud maasikad suhkruga. Laske neil umbes 10 minutit leotada ja mahla vabastada.
e) Kurna maasikad liigse vedeliku eemaldamiseks, jättes sulle magustatud maasikatükid.

KOOKIPOPPI KOOSTAMISEKS:
f) Purusta jahtunud maasikakook suures segamiskausis peeneks puruks.
g) Lisa koogipurule magustatud maasikatükid ja sega ühtlaseks.
h) Veereta koogisegust väikesed koogipallid ja aseta need küpsetuspaberiga vooderdatud alusele.
i) Murra CandiQuik tükkideks ja aseta kuumakindlasse kaussi. Sulata CandiQuik vastavalt pakendi juhistele.
j) Kasta iga pulgakommpulga ots sulatatud CandiQuik'i ja pista umbes poole pealt koogipalli sisse. See aitab pulgal paigal püsida.
k) Kastke iga koogipapp sulatatud CandiQuik'i, tagades, et see on täielikult kaetud.
l) Laske üleliigsel CandiQuik-kattel maha tilkuda, seejärel asetage koogid küpsetuspaberiga kaetud alusele.
m) Valikuline: Kuni CandiQuik kate on veel märg, kaunista koogitükid valge šokolaadi laastude või valgete sulatatud kommidega, et meenutada vahukoort. Soovi korral lisa puistad või söödavad kaunistused.
n) Laske CandiQuik-kattel täielikult taheneda.
o) Kui teie Strawberry Shortcake Cake Pops on valmis, on need nautimiseks valmis!

42. Key Lime Cake Pops

KOOSTISOSAD:
- 1 karp valge koogi segu
- 3 muna
- ⅓ tassi taimeõli
- 1 tass vett
- 2 võtmelaimi koor ja mahl
- 1 pakend (16 untsi) CandiQuik Candy Coating
- Roheline toiduvärv (valikuline)

JUHISED:
a) Kuumuta ahi temperatuurini 350 °F (175 °C). Määri ja jahuga 9x13-tolline küpsetusvorm.
b) Segage suures segamiskausis valge koogi segu, munad, taimeõli, vesi, laimikoor ja laimimahl. Sega ühtlaseks.
c) Valage tainas ettevalmistatud ahjupannile ja küpsetage 25-30 minutit või kuni keskele torgatud hambaork tuleb puhtana välja.
d) Lase koogil täielikult jahtuda, seejärel murenda see suures kausis peeneks puruks.
e) Veeretage koogipurust 1,5-tollised pallid ja asetage need vahapaberiga kaetud ahjuplaadile. Torka igasse palli sisse pulgakommipulk.
f) Sulata CandiQuik Candy Coating vastavalt pakendi juhistele.
g) Kastke iga koogipapp sulatatud CandiQuikisse, tagades, et see on ühtlaselt kaetud. Valikuliselt lisage peamise laimivärvi saavutamiseks paar tilka rohelist toiduvärvi.
h) Enne nende maitsvate laimikookide serveerimist laske kattel tarduda. Nautige!

43.Õunapirukakoogid

KOOSTISOSAD:
- 1 pakk (15,25 untsi) vürtsikoogi segu või kollase koogi segu
- ¾ tassi konserveeritud õunakoogi täidist, hakitud väikesteks tükkideks
- ¾ tassi konserveeritud toorjuustukreemi
- 1 nael mis tahes värvi kondiitrite kommikatet (umbes 3 tassi)
- 4 tassi purustatud Graham kreekereid

JUHISED:

a) Valmistage koogisegu vastavalt pakendi juhistele ja küpsetage see 13 x 9 x 2-tollisel ahjupannil. Laske sellel täielikult jahtuda.

b) Purusta jahtunud kook suures segamiskausis peeneks puruks. Lisa tükeldatud õunakoogi täidis ja toorjuustukoor. Sega hästi, kuni see on täielikult segunenud.

c) Vooderda kaks küpsetusplaati vahapaberiga. Vormige koogisegust 1,5-tollised pallid ja asetage need ettevalmistatud küpsetusplaatidele. Kata need lõdvalt vahapaberiga ja pane 30 minutiks sügavkülma.

d) Vahepeal sulata kondiitri kommikate vastavalt pakendi juhistele. Eemaldage sügavkülmast mõned koogitükid, ülejäänud hoidke sügavkülmas. Kastke iga koogipapp sulatatud kattesse, laske üleliigsel maha tilkuda.

e) Veereta kaetud koogitükke purustatud Grahami kreekerites, kuni need on täielikult kaetud. Asetage need tagasi küpsetusplaadile või koogialusesse. Tõsta külmkappi 10 minutiks või kuni kate tardub. Nautige oma õunakoogi kooki!

44.Arbuusi popid

KOOSTISOSAD:
- 1 karp Betty Crocker Super Moist White Cake Mix
- Vesi, taimeõli ja munavalged vastavalt koogisegu juhistele
- ¼ teelusikatäit roosa pasta toiduvärvi
- ¾ tassi ühest vannist (16 untsi) Betty Crocker Vanilla Frosting
- ¾ tassi miniatuurseid poolmagusaid šokolaaditükke
- 32 paberist pulgakommi pulka
- 1 kott (16 untsi) valget kommi sulab või katab vahvlid, sulatatud
- 1 suur plokk valget vahtplastist
- 1 kott (16 untsi) rohelist kommi sulab või katab vahvlid, sulatatud
- 1 tass helerohelist kommi sulab (16-untsisest kotist), sulanud

JUHISED:
a) Kuumuta ahi temperatuurini 350 ° F. Määrige 13x9-tolline pann küpsetuspihustiga.

b) Valmistage ja küpsetage koogisegu vastavalt 13x9-tollise panni juhistele, lisades vett, õli ja munavalgeid ning lisades roosat pasta-toiduvärvi. Laske sellel täielikult jahtuda.

c) Vooderda küpsiseplaat vahatatud paberiga. Murenda kook suurde kaussi. Lisa glasuur ja šokolaaditükid, sega korralikult läbi. Vormi segust 32 piklikku palli ja aseta need küpsiseplaadile.

d) Külmutage kuni tahkeks, seejärel viige külmkappi.

e) Võta külmkapist korraga mitu tordipalli.

f) Kastke pulgakommipulga ots ½ tolli sulatatud valgesse kommi ja torgake see koogipalli sisse, mitte üle poole. Kastke iga koogipall katmiseks sulatatud kommi sisse, koputage üleliigne maha.

g) Sisestage pulga vastasots vahtploki sisse ja laske sellel seista, kuni see on hangunud. Kastke iga koogipall katmiseks sulanud rohelisse kommi sisse, eemaldades kõik üleliigsed.

h) Pange pulgad tagasi vahtplokile ja laske neil seista, kuni need on hangunud.

i) Kaunista hambatikuga tordipallid heleroheliste kommidega, et meenutada arbuuse. Laske neil seista, kuni need on hangunud.

45. Šokolaadist vaarikakoogid

KOOSTISOSAD:
ŠOKOLAADIKOOKI SEES:
- 4 tassi mandlijahu (mitte mandlijahu)
- ½ tassi magustamata kakaopulbrit
- 1 tl meresoola
- 1 tl söögisoodat
- 1 tl puhast stevia ekstrakti pulbrit
- 1 ½ tassi õunakastet
- 6 suurt muna
- 2 spl vaniljeekstrakti
- 1 tass vaarika puuviljamääret, suhkrut pole lisatud (pärast koogi küpsetamist)

ŠOKOLAADI KOMMI KATE:
- 2 (4 untsi) magustamata 100% kakaošokolaadiga küpsetusbatoone
- Puhas stevia ekstrakti pulber, maitse järgi
- ½ supilusikatäit vaniljeekstrakti

JUHISED:
a) Kuumuta ahi temperatuurini 350ºF ja määri 13x9-tolline koogivorm kookosõliga.
b) Vahusta suures kausis mandlijahu, kakaopulber, sool, söögisooda ja stevia.
c) Klopi eraldi keskmises kausis kokku õunakaste, munad ja vaniljeekstrakt.
d) Lisage märjad koostisosad kuivadele koostisosadele ja segage, kuni see on põhjalikult segunenud.
e) Vala tainas ettevalmistatud koogivormi.
f) Küpseta 30–35 minutit, kuni koogi keskele torgatud hambaork tuleb puhtana välja. Laske koogil täielikult jahtuda, enne kui jätkate järgmise sammuga.
g) Murenda jahtunud kook suurde kaussi ja sega hulka vaarikaviljamääre, kuni see on hästi segunenud.
h) Rullige segust 1-tollised pallid ja asetage need küpsetuspaberiga kaetud alusele.
i) Pane koogipallid vähemalt 1 tunniks sügavkülma.
j) Sulata šokolaad väikeses potis väga madalal kuumusel.

k) Lisa maitse järgi vaniljeekstrakt ja stevia. Alustage väikese koguse steviaga, maitsestage ja seejärel lisage vajadusel.
l) Kui see on sulanud ja segatud, torka pulgakommipulgad koogipallidesse ja kasta need sulašokolaadi sisse.
m) Sisestage koogid jahtumiseni vahtpolüstüroolplokki.

Lõplik kokkupanek:
n) Kui koogipaber on täielikult jahtunud ja kommikate on tahenenud, asetage iga koogi peale maiuspala ja siduge see paelaga.
o) Hoidke neid serveerimiseks külmkapis. Nautige oma vaarika šokolaadikooki!

46.Jõhvika-apelsini vaniljekoogid

KOOSTISOSAD:

KOOK POP:
- Mittenakkuva küpsetussprei koogivormide pihustamiseks
- 6 untsi universaalset jahu, lisaks veel koogivormide tolmu puhastamiseks
- 8 untsi koogijahu
- 1 tl peent soola
- ¼ teelusikatäit küpsetuspulbrit
- ¼ teelusikatäit söögisoodat
- ¾ tassi rasket koort
- ⅓ tassi hapukoort
- 1 apelsini koor
- 1 vaniljekaun, poolitatud ja kraabitud
- 3 tassi granuleeritud suhkrut
- 2 pulka (8 untsi) soolamata võid, toatemperatuuril
- 6 suurt muna

JÕHVIKAKOMPOT:
- 1 Granny Smithi õun
- Üks 8-untsine kott külmutatud jõhvikaid
- 1 tass granuleeritud suhkrut
- 1 tl jahvatatud kaneeli
- 1 apelsin, koor ja mahl

ORANŽI VÕIKREEM:
- 6 untsi munavalget
- 1 nael granuleeritud suhkrut
- 5 pulka (1 ¼ naela) soolamata võid, toatemperatuuril
- ½ tl apelsini koort
- Valge šokolaad, vastavalt vajadusele katmiseks
- Pähklid, puistad või šokolaaditükid (valikulised) katmiseks

JUHISED:
KOOGIPOPPI JAOKS:
a) Kuumuta ahi 350 kraadini F. Pihustage kaks 10-tollist ümmargust koogivormi mittenakkuva küpsetusspreiga, puista jahuga ja vooderda põhjad küpsetuspaberiga.
b) Sõelu kokku universaalne jahu, koogijahu, sool, küpsetuspulber ja sooda keskmises kaussi ning tõsta kõrvale. Sega teises kausis koor, hapukoor, apelsinikoor ja kraabitud vaniljekaun ning tõsta kõrvale.
c) Segage segisti kausis suhkrut ja võid keskmisel kiirusel, kuni värvus muutub kergelt heledamaks, umbes 3 minutit. Lisa ükshaaval munad ja klopi, kuni segu on ühtlane. Lisa üks kolmandik kuivainetest ja sega madalal kuumusel, kuni segu on segunenud, seejärel kraabi kaussi. Lisa pool märgadest koostisosadest ja sega madalal kuumusel, kuni segu on segunenud.
d) Lisage veel üks kolmandik kuivainetest ja seejärel ülejäänud märjad koostisosad, segades pärast iga lisamist madalal temperatuuril ja kraapides kaussi. Lisa ülejäänud kuivained ja sega ühtlaseks massiks.
e) Jagage tainas ettevalmistatud koogivormide vahel ja küpsetage 30–40 minutit, kuni kookide keskele torgatud koogitester tuleb puhtana. Lase täielikult jahtuda.
JÕHVIKAKOMPOTI KOHTA:
f) Lõika õun väikesteks tükkideks. Lisage keskmisesse kastrulisse jõhvikad, suhkur, kaneel, apelsinikoor, mahl ja õunad. Küpseta keskmisel kuumusel, kuni jõhvikad hakkavad avanema ja segu veidi pakseneb. Tõsta keskmisesse kaussi ja lase jahtuda.
Apelsini VÕIKREEMI KOHTA:
g) Aseta munavalged vispliga statiivimikseri kaussi.
h) Segage suhkur ja ½ tassi vett keskmises kastrulis, asetage kommide termomeetriga kõrgele kuumusele ja kuumutage segu temperatuurini 238–240 kraadi F.
i) Segu keemise ajal sega munavalgeid keskmisel kiirusel, kuni moodustuvad pehmed tipud. Kui keev suhkur jõuab 240 kraadi F, valage see aeglaselt munavalgete hulka mikseriga madalal kuumusel. Kui kogu kuum suhkur on lisatud, suurendage mikseri kiirust kõrgele ja vahustage kuni paks, läikiv ja jahtunud.

j) Vähendage kiirust ja lisage võid 1-2 spl kaupa, segades kuni võikreem pakseneb. Vahusta apelsinikoor.

POPSI KOKKUVÕTTEKS:

k) Murenda jahtunud koogid väikesteks tükkideks. Sega hulka nii palju võikreemi, et koogitükid koos hoiaksid. Lisa soovitud kogus jõhvikakompotti; neid peaks igas ampsus olema. Tõsta küpsetuspaberiga kaetud ahjuplaadile pallikesed koogipopi segust. Suru igasse pallikesse kookipulk ja külmuta, kuni see on kõva.

l) Sulata valge šokolaad õrnalt kahekordse katla kohal. Kasta külmutatud koogitükid valge šokolaadi sisse ja aseta pärgamendile tahenema.

m) Kui lisate katteid, kastke need kohe pärast koogitükkide šokolaadi sisse kastmist soovitud lisanditesse, nagu pähklid, puistad või šokolaaditükid.

n) Nautige oma jõhvika-apelsini vaniljekooki!

47.Troopiliste puuviljade koogipopsid

KOOSTISOSAD:
- 1 karp ananassikoogi segu
- 1 tass hakitud kookospähklit
- 1 tass hakitud mangot
- 1 tass hakitud ananassi
- Pulgakommpulgad
- Valge šokolaad sulab
- Erinevad troopiliste puuviljade viilud (valikuline)
- Söödavad lilled (valikuline)

JUHISED:
a) Valmista ananassikoogi segu vastavalt pakendi juhistele ja lase täielikult jahtuda.
b) Murenda jahtunud kook suures kausis peeneks puruks.
c) Lisa koogipurule hakitud kookospähkel, tükeldatud mango ja tükeldatud ananass ning sega ühtlaseks.
d) Veereta koogisegust väikesed pallid ja aseta need vooderdatud ahjuplaadile.
e) Torka igasse koogipalli sisse pulgakommipulk ja pane 15 minutiks sügavkülma.
f) Sulata valge šokolaad sulab vastavalt pakendi juhistele.
g) Kasta iga koogipapp sulatatud valgesse šokolaadi, lastes üleliigsel maha tilkuda.
h) Valikuline: troopilise hõngu saamiseks kaunista troopiliste puuviljade või söödavate lilledega.
i) Enne serveerimist lase šokolaadil taheneda.

48.Kiivi maasikakoogid

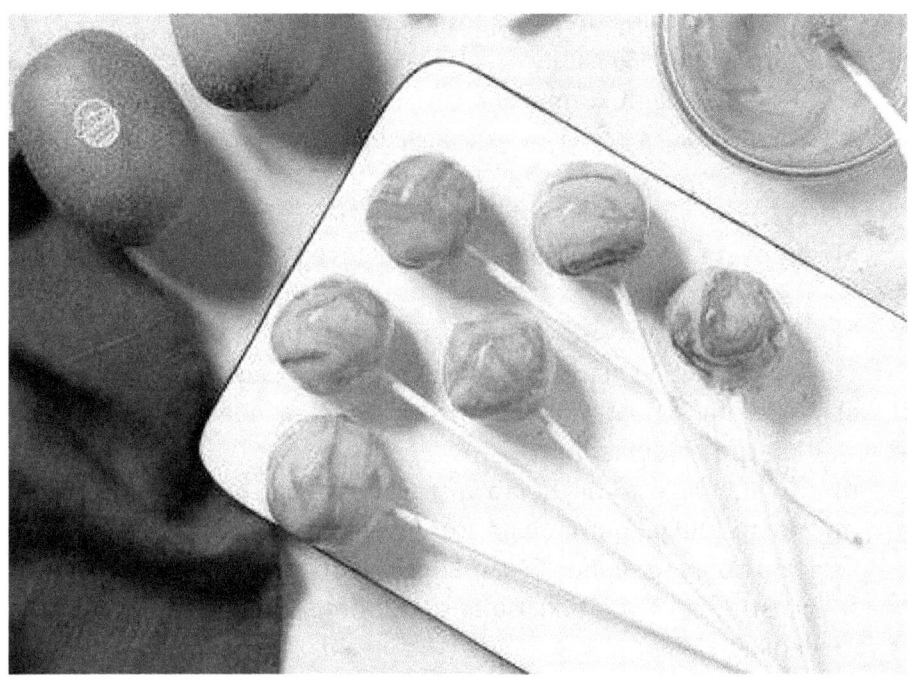

KOOSTISOSAD:
- 1 karp maasikakoogi segu
- 1/2 tassi kuubikuteks lõigatud kiivi
- 1 tass vanilje glasuur
- 12 untsi valget kommi sulab
- Kaunistuseks kiiviviilud ja maasikad

JUHISED:
a) Küpseta maasikakoogi segu vastavalt pakendi juhistele. Lase täielikult jahtuda.
b) Murenda kook suurde kaussi ning sega hulka kuubikuteks lõigatud kiivi ja vanilje glasuur, kuni need on hästi segunenud.
c) Veereta segust väikesed pallid ja aseta need küpsetuspaberiga kaetud ahjuplaadile.
d) Sulata valge komm sulab vastavalt pakendi juhistele.
e) Kasta pulgakommipulga ots sulanud kommisulatesse ja pista koogipalli sisse. Korda sama ülejäänud koogipallidega.
f) Kastke iga koogitükk sulanud kommisulatesse, koputades maha kõik ülejäägid.
g) Kaunista pealt kiivi- või maasikaviiluga.
h) Lase koogipottidel küpsetuspaberil taheneda, kuni kommikate taheneb.

49. Banaanilõigatud koogipopsid

KOOSTISOSAD:
- 1 karp banaanikoogi segu
- 1/2 tassi kuubikuteks lõigatud ananassi
- 1/2 tassi hakitud maasikaid
- 1/4 tassi hakitud pähkleid (valikuline)
- 1 tass šokolaadiglasuuri
- 12 untsi piimašokolaadikompveki sulab
- Kaunistuseks maraschino kirsid

JUHISED:
a) Valmistage banaanikoogi segu vastavalt pakendi juhistele. Lase täielikult jahtuda.
b) Murenda kook suurde kaussi ja sega hulka kuubikuteks lõigatud ananass, hakitud maasikad, hakitud pähklid (kui kasutad) ja šokolaadiglasuur, kuni need on hästi segunenud.
c) Veereta segust väikesed pallid ja aseta need küpsetuspaberiga kaetud ahjuplaadile.
d) Sulata piimašokolaadikomm sulab vastavalt pakendi juhistele.
e) Kasta pulgakommipulga ots sulašokolaadi sisse ja pista koogipalli sisse. Korda sama ülejäänud koogipallidega.
f) Kastke iga koogipopp sulašokolaadi sisse, koputades maha kõik ülejäägid.
g) Asetage maraschino kirss iga koogipopi peale.
h) Lase koogipottidel küpsetuspaberil taheneda, kuni šokolaadikate taheneb.

50. Segamarjakoogid

KOOSTISOSAD:

- 1 karp vaniljekoogi segu
- 1/2 tassi segatud marju (nagu vaarikad, mustikad ja murakad), tükeldatud
- 1 tass toorjuustu glasuur
- 12 untsi valget kommi sulab
- Kaunistuseks segamarjaviilud

JUHISED:

a) Küpseta vaniljekoogi segu vastavalt pakendi juhistele. Lase täielikult jahtuda.
b) Murenda kook suurde kaussi ning sega hakitud marjade ja toorjuustukreemi hulka, kuni see on hästi segunenud.
c) Veereta segust väikesed pallid ja aseta need küpsetuspaberiga kaetud ahjuplaadile.
d) Sulata valge komm sulab vastavalt pakendi juhistele.
e) Kasta pulgakommipulga ots sulanud kommisulatesse ja pista koogipalli sisse. Korda sama ülejäänud koogipallidega.
f) Kastke iga koogitükk sulanud kommisulatesse, koputades maha kõik ülejäägid.
g) Kaunista pealt segatud marjaviiludega.
h) Lase koogipottidel küpsetuspaberil taheneda, kuni kommikate taheneb.

51. Ananassi tagurpidi koogid

KOOSTISOSAD:
- 1 karp kollast koogisegu
- 1 tass tükeldatud ananassi, nõrutatud
- 1/2 tassi maraschino kirsse, tükeldatud
- 1 tass vanilje glasuur
- 12 untsi kollast kommi sulab
- Kaunistuseks maraschino kirsid

JUHISED:
a) Valmista kollane koogisegu vastavalt pakendi juhistele. Lase täielikult jahtuda.
b) Murenda kook suurde kaussi ja sega hulka kuubikuteks lõigatud ananass, hakitud maraschino kirsid ja vaniljeglasuur, kuni need on hästi segunenud.
c) Veereta segust väikesed pallid ja aseta need küpsetuspaberiga kaetud ahjuplaadile.
d) Sulata kollane komm sulab vastavalt pakendi juhistele.
e) Kasta pulgakommipulga ots sulanud kommisulatesse ja pista koogipalli sisse. Korda sama ülejäänud koogipallidega.
f) Kastke iga koogitükk sulanud kommisulatesse, koputades maha kõik ülejäägid.
g) Asetage maraschino kirss iga koogipopi peale.
h) Lase koogipottidel küpsetuspaberil taheneda, kuni kommikate taheneb.

52.Kookos-laimi koogipopid

KOOSTISOSAD:
- 1 karp valge koogi segu
- 2 laimi koor
- 1 tass hakitud kookospähklit
- 1 tass toorjuustu glasuur
- 12 untsi valget kommi sulab
- Kaunistuseks laimiviilud

JUHISED:
a) Valmistage valge koogi segu vastavalt pakendi juhistele. Lase täielikult jahtuda.
b) Murenda kook suurde kaussi ja sega hulka laimikoor, riivitud kookospähkel ja toorjuustukoor, kuni need on hästi segunenud.
c) Veereta segust väikesed pallid ja aseta need küpsetuspaberiga kaetud ahjuplaadile.
d) Sulata valge komm sulab vastavalt pakendi juhistele.
e) Kasta pulgakommipulga ots sulanud kommisulatesse ja pista koogipalli sisse. Korda sama ülejäänud koogipallidega.
f) Kastke iga koogitükk sulanud kommisulatesse, koputades maha kõik ülejäägid.
g) Kaunista pealt laimiviiluga.
h) Lase koogipottidel küpsetuspaberil taheneda, kuni kommikate taheneb.

53.Vaarika-šokolaadikoogid

KOOSTISOSAD:
- 1 karp šokolaadikoogi segu
- 1 kl vaarikahoidiseid
- 1 tass šokolaadiglasuuri
- 12 untsi tumeda šokolaadi kommi sulab
- Kaunistuseks värsked vaarikad

JUHISED:
a) Küpseta šokolaadikoogi segu vastavalt pakendi juhistele. Lase täielikult jahtuda.
b) Murenda kook suurde kaussi ning sega hulka vaarikahoidised ja šokolaadiglasuur, kuni see on hästi segunenud.
c) Veereta segust väikesed pallid ja aseta need küpsetuspaberiga kaetud ahjuplaadile.
d) Sulata tume šokolaad sulab vastavalt pakendi juhistele.
e) Kasta pulgakommipulga ots sulašokolaadi sisse ja pista koogipalli sisse. Korda sama ülejäänud koogipallidega.
f) Kastke iga koogipopp sulašokolaadi sisse, koputades maha kõik ülejäägid.
g) Asetage iga koogitüki peale värske vaarikas.
h) Lase koogipottidel küpsetuspaberil taheneda, kuni šokolaadikate taheneb.

54. Õuna-kaneeli koogipopid

KOOSTISOSAD:
- 1 karp vürtsikoogi segu
- 1 tass peeneks hakitud õunu
- 1 tl jahvatatud kaneeli
- 1 tass toorjuustu glasuur
- 12 untsi karamellimaitselised kommid sulavad
- Kaunistuseks kaneelipulgad

JUHISED:
a) Valmistage vürtsikoogisegu vastavalt pakendi juhistele. Lase täielikult jahtuda.
b) Murenda kook suurde kaussi ja sega hulka tükeldatud õunad, jahvatatud kaneel ja toorjuustu glasuur, kuni need on hästi segunenud.
c) Veereta segust väikesed pallid ja aseta need küpsetuspaberiga kaetud ahjuplaadile.
d) Sulata karamellimaitselised kommisulad vastavalt pakendi juhistele.
e) Kasta pulgakommipulga ots sulanud kommisulatesse ja pista koogipalli sisse. Korda sama ülejäänud koogipallidega.
f) Kastke iga koogitükk sulanud kommisulatesse, koputades maha kõik ülejäägid.
g) Kaunista pealt väikese kaneelipulgaga.
h) Lase koogipottidel küpsetuspaberil taheneda, kuni kommikate taheneb.

LILLEKOOK POPS

55.Jasmiini koogipopsid

KOOSTISOSAD:
- 1 karp valge koogi segu
- 2 spl kuivatatud jasmiiniõisi, peeneks jahvatatud
- 1 tass vanilje glasuur
- 12 untsi valget kommi sulab
- Kaunistuseks söödavad jasmiiniõied

JUHISED:
a) Valmistage valge koogisegu vastavalt pakendi juhistele, lisades taignale peeneks jahvatatud kuivatatud jasmiiniõied. Lase täielikult jahtuda.
b) Murenda kook suurde kaussi ja sega vaniljeglasuuriga, kuni see on hästi segunenud.
c) Veereta segust väikesed pallid ja aseta need küpsetuspaberiga kaetud ahjuplaadile.
d) Sulata valge komm sulab vastavalt pakendi juhistele.
e) Kasta pulgakommipulga ots sulanud kommisulatesse ja pista koogipalli sisse. Korda sama ülejäänud koogipallidega.
f) Kastke iga koogitükk sulanud kommisulatesse, koputades maha kõik ülejäägid.
g) Kaunista pealt söödavate jasmiiniõitega.
h) Lase koogipottidel küpsetuspaberil taheneda, kuni kommikate taheneb.

56.Hibiski koogipopsid

KOOSTISOSAD:
- 1 karp maasikakoogi segu
- 1/4 tassi kuivatatud hibiskiõisi, peeneks jahvatatud
- 1 tass toorjuustu glasuur
- 12 untsi roosat kommi sulab
- Kaunistuseks söödavad hibiski kroonlehed

JUHISED:
a) Valmistage maasikakoogi segu vastavalt pakendi juhistele. Lase täielikult jahtuda.
b) Murenda kook suurde kaussi ja sega hulka peeneks jahvatatud kuivatatud hibiskiõied ja toorjuustukoor, kuni see on hästi segunenud.
c) Veereta segust väikesed pallid ja aseta need küpsetuspaberiga kaetud ahjuplaadile.
d) Sulata roosad kommid sulavad vastavalt pakendi juhistele.
e) Kasta pulgakommipulga ots sulanud kommisulatesse ja pista koogipalli sisse. Korda sama ülejäänud koogipallidega.
f) Kastke iga koogitükk sulanud kommisulatesse, koputades maha kõik ülejäägid.
g) Kaunista pealt söödavate hibiski kroonlehtedega.
h) Lase koogipottidel küpsetuspaberil taheneda, kuni kommikate taheneb.

57.Kummeli sidruni koogipopid

KOOSTISOSAD:
- 1 karp sidrunikoogi segu
- 2 spl kuivatatud kummeliõisi
- 1 sidruni koor
- 1 tass sidrunikoort
- 12 untsi kollast kommi sulab
- Kaunistuseks söödavad kummeliõied

JUHISED:
a) Valmista sidrunikoogisegu pakendi juhiste järgi, lisades taignale kuivatatud kummeliõied ja sidrunikoor. Lase täielikult jahtuda.
b) Murenda kook suurde kaussi ja sega hulka sidruniglasuur, kuni see on hästi segunenud.
c) Veereta segust väikesed pallid ja aseta need küpsetuspaberiga kaetud ahjuplaadile.
d) Sulata kollane komm sulab vastavalt pakendi juhistele.
e) Kasta pulgakommipulga ots sulanud kommisulatesse ja pista koogipalli sisse. Korda sama ülejäänud koogipallidega.
f) Kastke iga koogitükk sulanud kommisulatesse, koputades maha kõik ülejäägid.
g) Kaunista pealt söödavate kummeliõitega.
h) Lase koogipottidel küpsetuspaberil taheneda, kuni kommikate taheneb.

58. Violetsed koogipopid

KOOSTISOSAD:
- 1 karp vaniljekoogi segu
- 2 spl kuivatatud kannikeseõied, peeneks jahvatatud
- 1 tass vanilje glasuur
- 12 untsi lillat kommi sulab
- Kaunistuseks söödavad violetsed õied

JUHISED:
a) Valmista vaniljekoogisegu vastavalt pakendi juhistele, lisades taignale peeneks jahvatatud kuivatatud kannikeseõied. Lase täielikult jahtuda.
b) Murenda kook suurde kaussi ja sega vaniljeglasuuriga, kuni see on hästi segunenud.
c) Veereta segust väikesed pallid ja aseta need küpsetuspaberiga kaetud ahjuplaadile.
d) Sulata lillad kommid sulavad vastavalt pakendi juhistele.
e) Kasta pulgakommipulga ots sulanud kommisulatesse ja pista koogipalli sisse. Korda sama ülejäänud koogipallidega.
f) Kastke iga koogitükk sulanud kommisulatesse, koputades maha kõik ülejäägid.
g) Kaunista pealt söödavate violetsete õitega.
h) Lase koogipottidel küpsetuspaberil taheneda, kuni kommikate taheneb.

59.Rose Cake Pops

KOOSTISOSAD:
- 1 karp vaniljekoogi segu
- 1 tl roosivett
- Roosa toiduvärv (valikuline)
- 1 tass vanilje glasuur
- 12 untsi roosat kommi sulab
- Kaunistuseks söödavad roosi kroonlehed

JUHISED:
a) Valmista vaniljekoogi segu vastavalt pakendi juhistele, lisades taignale roosivett. Soovi korral lisage erksama värvi saamiseks paar tilka roosat toiduvärvi. Lase täielikult jahtuda.
b) Murenda kook suurde kaussi ja sega vaniljeglasuuriga, kuni see on hästi segunenud.
c) Veereta segust väikesed pallid ja aseta need küpsetuspaberiga kaetud ahjuplaadile.
d) Sulata roosad kommid sulavad vastavalt pakendi juhistele.
e) Kasta pulgakommipulga ots sulanud kommisulatesse ja pista koogipalli sisse. Korda sama ülejäänud koogipallidega.
f) Kastke iga koogitükk sulanud kommisulatesse, koputades maha kõik ülejäägid.
g) Kaunista pealt söödavate roosi kroonlehtedega.
h) Lase koogipottidel küpsetuspaberil taheneda, kuni kommikate taheneb.

60. Lavendli-meekoogipopid

KOOSTISOSAD:
- 1 karp kollast koogisegu
- 2 supilusikatäit kuivatatud kulinaarset lavendlit
- 1/4 tassi mett
- 1 tass vanilje glasuur
- 12 untsi lavendlivärvi kommid sulavad
- Kaunistuseks söödavad lilled

JUHISED:
a) Küpseta kollast koogisegu vastavalt pakendi juhistele, lisades enne küpsetamist taignale kuivatatud lavendli. Lase täielikult jahtuda.
b) Murenda kook suurde kaussi ning sega hulka mesi ja vaniljeglasuur, kuni see on hästi segunenud.
c) Veereta segust väikesed pallid ja aseta need küpsetuspaberiga kaetud ahjuplaadile.
d) Sulata lavendlivärvi kommid vastavalt pakendi juhistele.
e) Kasta pulgakommipulga ots sulanud kommisulatesse ja pista koogipalli sisse. Korda sama ülejäänud koogipallidega.
f) Kastke iga koogitükk sulanud kommisulatesse, koputades maha kõik ülejäägid.
g) Kaunista pealt söödavate lilledega.
h) Lase koogipottidel küpsetuspaberil taheneda, kuni kommikate taheneb.

TERVILJAKOOK POPS

61. Froot Loops Cake Pops

KOOSTISOSAD:
- 1 karp (15,25 untsi) maasika- või kollase koogi segu
- ¾ tassi konserveeritud toorjuustukreemi
- 1 nael kondiitri kommikatet (umbes 3 tassi), mis tahes värvi
- 4 tassi Froot Loopsi teravilja

JUHISED:
a) Valmistage koogisegu vastavalt pakendil olevatele juhistele ja küpsetage see 13 x 9 x 2-tollisel ahjupannil. Laske sellel täielikult jahtuda.
b) Purusta jahtunud kook suures segamiskausis peeneks puruks. Tõsta lusikaga glasuur purule ja klopi madalal kiirusel elektrimikseri abil ühtlaseks.
c) Vooderda kaks küpsetusplaati vahapaberiga. Vormige koogisegust oma kätega 1,5-tollised pallikesed kookipulkade otstes. Asetage need ühele ettevalmistatud küpsetusplaadile ja katke need lõdvalt vahapaberiga. Pane 30 minutiks sügavkülma.
d) Vahepeal sulata kondiitri kate vastavalt pakendi juhistele. Võtke sügavkülmast välja paar kooki, hoides ülejäänud külmutatud. Kastke need ettevaatlikult kattesse, laske ülejäägil maha tilkuda. Vajutage kattekihile teravilja FROOT LOOPS.
e) Asetage need teisele ettevalmistatud küpsetusplaadile või koogialusele. Tõsta külmkappi 10 minutiks või kuni kate tardub.

62.Puuviljased kivikoogid

KOOSTISOSAD:
- 1 pakk (15,25 untsi) vanilje- või kollase koogi segu
- ¾ tassi konserveeritud toorjuustukreemi
- 1 nael mis tahes värvi kondiitrite kommikatet (umbes 3 tassi)
- 4 tassi Fruity Pebbles teravilja

JUHISED:

a) Valmistage koogisegu vastavalt pakendi juhistele ja küpsetage see 13 x 9 x 2-tollisel ahjupannil. Lase täielikult jahtuda.

b) Purusta jahtunud kook suures segamiskausis peeneks puruks. Lisa toorjuustu glasuur ja sega ühtlaseks.

c) Vooderda kaks küpsetusplaati vahapaberiga. Vormige koogisegust 1,5-tollised pallid ja asetage need ettevalmistatud küpsetusplaatidele. Kata need lõdvalt vahapaberiga ja pane 30 minutiks sügavkülma.

d) Vahepeal sulata kondiitri kommikate vastavalt pakendi juhistele. Eemaldage sügavkülmast mõned koogitükid, ülejäänud hoidke sügavkülmas. Kastke iga koogipapp sulatatud kattesse, laske üleliigsel maha tilkuda.

e) Veereta kaetud koogipisikuid Fruity Pebblesi teraviljas, kuni need on täielikult kaetud. Asetage need tagasi küpsetusplaadile või koogialusesse. Tõsta külmkappi 10 minutiks või kuni kate tardub. Nautige oma Fruity Pebble'i kooki!

63.Trixi teraviljakoogid

KOOSTISOSAD:
- 1 karp Betty Crocker Super Moist Yellow Cake Mix või Betty Crocker Super Moist White Cake Mix
- Vesi, taimeõli ja munad või munavalged vastavalt koogisegu juhistele
- 1 vann (16 untsi) Betty Crocker Rich & Creamy Vanilla Frosting
- 4 tassi Trixi teravilja
- 36 untsi vaniljemaitselist kommikatet (mandlikoor)
- 48 paberist pulgakommi pulka

JUHISED:
a) Kuumuta ahi temperatuurini 350 °F (tumeda või mittenakkuva panni puhul 325 °F). Valmista ja küpseta kook 13x9-tollise panni karbil oleva juhendi järgi. Laske sellel täielikult jahtuda, umbes 1 tund.
b) Murenda kook suures kausis ja sega glasuuriga, kuni see on põhjalikult segunenud. Hoia külmkapis umbes 2 tundi või kuni see on vormimiseks piisavalt tihke.
c) Veeretage koogisegust 48 palli, millest igaüks on umbes 1,5 tolli suurune, ja asetage need küpsiseplaadile. Külmutage 1 kuni 2 tundi või kuni see on kindel. Vahepeal purusta teravili jämedalt. Vooderda teine küpsiseleht vahatatud paberiga.
d) Mikrolaineahjus kasutatavas 1-liitrises kausis kuumutage mikrolaineahjus 12 untsi kommikatte katmata kõrgel temperatuuril 1 minut 30 sekundit; segage. Jätkake mikrolaineahju ja segamist 15-sekundiliste intervallidega, kuni see sulab; sega ühtlaseks. Võta kolmandik pallidest sügavkülmast välja. Kastke ja veeretage iga pall 2 kahvliga kattesse.
e) Asetage need vahatatud paberiga kaetud küpsiseplaadile. Puista kohe peale purustatud teravilja. Sulata ülejäänud kommikate 12-untsi partiidena; kasta ülejäänud pallid ja puista peale teravilja. Asetage need külmkappi.
f) Serveerimiseks torka ettevaatlikult tordipallidesse pulgad. Ülejäänud koogipallid säilita õhukindlas anumas külmkapis.

64. Cheriose banaanikoogipopid

KOOSTISOSAD:
- 1 karp Betty Crocker Super Moist Yellow Cake Mix'i
- 1 tass purustatud väga küpseid banaane (2 keskmist banaani)
- ½ tassi taimeõli
- ¼ tassi vett
- 3 muna
- 2 ½ kotti (igaüks 14 untsi) kollast kommi sulab
- 60 paberist pulgakommi pulka
- 3 ½ tassi Chocolate Cheeriose teravilja
- 3 ½ tassi maapähklivõi Cheeriose teravilja

JUHISED:

a) Kuumuta ahi temperatuurini 325 °F (163 °C). Pihustage mittekleepuvat kooki küpsetusvormi küpsetuspreiga, mis sisaldab jahu.

b) Vahusta suures kausis koogisegu, püreestatud banaanid, taimeõli, vesi ja munad elektrimikseriga madalal kiirusel 30 sekundit. Seejärel klopi keskmisel kiirusel 2 minutit, kraapides kaussi aeg-ajalt, kuni segu on ühtlane.

c) Täida igasse süvendisse panni alumises pooles (ilma aukudeta) 1 tasane supilusikatäis koogitainast. Asetage panni ülemine pool peale ja kinnitage võtmetega. (Katta ülejäänud koogitainas kilega ja jahutada.)

d) Küpseta 18–22 minutit või kuni keskele torgatud hambaork tuleb puhtana välja. Lase koogipallidel 5 minutit pannil jahtuda, seejärel eemalda need ja jahuta täielikult restil.

e) Enne uuesti taignaga täitmist korrake seda ülejäänud koogitainaga, puhastage ja piserdage pann.

f) Mikrolaineahjus kausis sulab mikrolaineahjus 1 kott komme keskmise (50%) võimsusega kaaneta 1 minut, seejärel 15-sekundiliste intervallidega kuni sulamiseni; sega ühtlaseks.

g) Enne tordipallide kastmist trimmi küpsenud koogipallide ääred.

h) Kastke iga pulgakommipulga ots umbes ½ tolli sulatatud kommi sisse ja asetage see koogivormi, seejärel kastke koogipulk sulatatud kommi sisse, et see katta.

i) Koputage ülejääk maha. (Kuumutage kommid uuesti mikrolaineahjus, kui need muutuvad katmiseks liiga paksuks.) Asetage kohe kattega kaetud koogikestele, et neid kaunistada. Sisesta koogipoisid plastvahu sisse, et komm taheneks.

j) Korrake sama ülejäänud kookide ja kommide sulamisega.

65. Cinnamon Toast Crunch Cake Pops

KOOSTISOSAD:
- 1 karp kollast koogisegu
- Vesi, taimeõli ja munad vastavalt koogisegule
- ½ tassi Cinnamon Toast Crunch teravilja, purustatud
- ¾ tassi toorjuustukreemi
- 1 pakk (16 untsi) vaniljekommi katet
- 48 paberist pulgakommi pulka
- Täiendav Cinnamon Toast Crunch teravilja kaunistamiseks (valikuline)

JUHISED:
a) Valmista kollane koogisegu karbil oleva juhendi järgi, kasutades selleks vajalikku vett, taimeõli ja mune. Pärast küpsetamist laske koogil täielikult jahtuda.
b) Purusta jahtunud kook suures segamiskausis peeneks puruks.
c) Lisa koogipurule purustatud Cinnamon Toast Crunch teravilja ja toorjuustu glasuur. Sega, kuni segu on hästi segunenud ja segu püsib koos.
d) Vormi koogisegust 1,5-tollised pallid ja aseta need küpsetuspaberiga kaetud ahjuplaadile.
e) Torka igasse koogipalli sisse pulgakommipulk.
f) Sulata vaniljekommi kate vastavalt pakendi juhistele.
g) Kastke iga koogipapp sulatatud kommkatte sisse, tagades, et see oleks ühtlaselt kaetud. Laske üleliigsel kattekihil maha tilkuda.
h) Soovi korral puistake kaetud koogitükkide peale kaunistuseks veel purustatud Cinnamon Toast Crunch teravilja.
i) Aseta koogid püstiselt küpsetuspaberiga kaetud ahjuplaadile või pista pulgad vahuplokki, et kate hanguks.
j) Kui kate on tahenenud, on teie Cinnamon Toast Crunchi koogitükid serveerimiseks valmis. Nautige!

66.Lucky Charms šokolaadist teraviljapops

KOOSTISOSAD:
- 6 tassi Lucky Charmsi teraviljahelbeid
- ¼ tassi võid (½ pulgaga)
- ¾ tassi valge šokolaadi laastud
- 1 10 untsi kott mini vahukommi
- 1 tl vaniljeekstrakti
- Kastmiseks täiendav valge šokolaad

JUHISED:
a) Valage kuus tassi Lucky Charmsi teravilja suurde segamisnõusse.
b) Sulata kastrulis keskmisel kuumusel või.
c) Lisa sulavõile valge šokolaadi laastud ja jätka sulatamist.
d) Kui šokolaaditükid on sulanud, lisage minivahukommid ja segage, kuni need on täielikult sulanud. Sega hulka vanilliekstrakt.
e) Valage sulatatud vahukommi segu Lucky Charmsi teraviljadele ja segage hästi. Kasutage alguses lusikat, seejärel puhastage käed, et tagada põhjalik segunemine.
f) Laota segu 13x9-tollisele klaaspannile, mis on pihustatud küpsetuspihustiga. Laske sel seada, seejärel lõigake see ruutudeks.
g) Veereta teraviljasegust kooki suurusest veidi suuremad pallid. Pista igasse pallikesesse popsipulk, lisades pulga ühte otsa veidi sulatatud šokolaadi ja pista see teraviljapulga sisse.
h) Laske sel taheneda, seejärel kastke teraviljapopsud sulatatud valgesse šokolaadi. Sisestage popsipulga teine ots vahu sisse, et see hanguks.
i) Veereta teraviljasegust pallikesed.
j) Kasta teraviljapopi vastasotsad sulatatud valgesse šokolaadi.
k) Asetage need koogipaberitesse nii, et üks valge šokolaadiga kastetud ots on allapoole. Šokolaad aitab hoida teraviljapakse paigal.

67. Šokolaadi-mandli teraviljakoogid

KOOSTISOSAD:
- 1 pakk Bob's Red Milli teraviljavaba šokolaadikoogi segu
- 1 purk šokolaadi glasuuriga
- 2 tassi Kind Dark Chocolate mandli teravilja
- 2 tassi sulatatud poolmagusat šokolaadi
- Kommipulgad

JUHISED:
a) Valmistage Bob's Red Mill teraviljavaba šokolaadikook vastavalt pakendi juhistele. Kui kook on jahtunud, murendage ja segage šokolaadiga, kuni see on hästi segunenud. Veereta segust pallikesed.

b) Kasta iga kommipulga ots sulašokolaadi sisse, seejärel pista see igasse koogipallisse. Tõsta koogipallid külmkappi tahenema, umbes tund aega.

c) Lisa köögikombainis Kind Dark Chocolate Almond Cereal ja pulbi, kuni see on jämedalt jahvatatud. Kõrvale panema.

d) Kastke iga koogipall ülejäänud sulatatud šokolaadi sisse, tagades, et see on ühtlaselt kaetud. Seejärel katke šokolaadiga kaetud koogipallid jahvatatud teraviljaga.

e) Aseta valmis koogitopsid vahtplaadile tahenema.

f) Serveeri ja naudi oma maitsvaid teraviljakooke!

68. Nougat Pops

KOOSTISOSAD:
- 16 untsi / 452 grammi vahukommi kohev
- 1 tass riisi krõbedaid
- ¾ tassi Gefeni maapähklivõid
- Teie valikul sulatatud šokolaad, kastmiseks
- Kookos- või maapähklikrõmps, kaunistuseks (nt Baker's Choice)

JUHISED:
a) Kombineerige kõik koostisosad kausis, töödeldes segu käsitsi või metalllusikaga, kuni see on hästi segunenud ja pole kleepuv. Segu muutub elastseks.

b) Vormi käsitsi pallikesed ja aseta need Gefeni küpsetuspaberiga kaetud ahjuplaadile.

c) Külmutage umbes 20 minutit või kuni olete valmis kastma. Võib-olla soovite pallid uuesti veeretada, kui need on külmad, kuna need kipuvad lompi minema.

d) Kastke iga pall kohe teie valitud sulašokolaadi sisse, seejärel kaunistage kookose- või maapähklikrõpsuga. Külmuta uuesti kuni söömiseks valmis.

e) Neid saab hoida pallidena või teha poppideks. Popside jaoks sisestage pulgad pärast nende sügavkülmast väljavõtmist.

f) Nautige oma maitsvat Nougat Popsi!

KARAMELLKOOK POPS

69. Dulce de Leche koogipallid

KOOSTISOSAD:
- 1 retsept Kollane petipiimakook, küpsetatud, jahutatud ja murendatud
- 1 (13,4-14 untsi) võib dulce de leche
- 1 ¾ naela piimašokolaadi, peeneks hakitud
- 5 untsi karamelli, näiteks Nestlé
- 56 miniatuurset kurviga pabertopsi (valikuline)

JUHISED:
a) Kombineerige murenenud kook ¾ tassi dulce de leche'ga. Reguleerige dulce de leche kogust vastavalt maitsele ja niiskusele. Veereta segust golfipalli suurused tordipallid. Pane tahkeks külmkappi. Seda saab teha 1 päev ette; hoidke tugevaid palle õhukindlas anumas.
b) Vooderda kaks äärega ahjuplaati küpsetuspaberi või alumiiniumfooliumiga. Sulata piimašokolaad mikrolaineahjus või topeltboileri abil.
c) Kasta iga koogipall ükshaaval sulašokolaadi sisse, lastes liigsel šokolaadil tagasi anumasse tilkuda. Asetage kaetud pallid ettevalmistatud pannidele ühtlaste vahedega. Tõsta korraks külmkappi, kuni šokolaad tardub.
d) Küpseta karamelli mikrolaineahjus vedelaks, jälgides, et see ei keeks. Nirista kahvliga iga šokolaadiga kaetud palli peale karamelli siksakid. Tõsta uuesti külmkappi, kuni karamell tardub. Vajadusel kärpi tordipallide põhjad. Soovi korral asetage iga koogipall miniatuursesse kurrutatud pabertopsi.
e) Aseta tordipallid ühe kihina õhukindlasse anumasse ja hoia kuni 4 päeva külmkapis. Enne serveerimist tõsta need toatemperatuurile.

70. Karamell-õunasõõrikukoogid

KOOSTISOSAD:
- 12 õunasõõrik või glasuuritud õunasiidri sõõrikud
- 2-4 spl õunavõid
- 1 tl vaniljekauna pasta
- 10 untsi Wertheri originaalsed nätsked karamellid
- 3 spl rasket vahukoort
- Hakitud maapähklid
- Cake pop või pulgakommi pulgad (valikuline)
- Mini koogikatted (valikuline)

JUHISED:
a) Vooderda ahjuplaat küpsetuspaberiga ja määri kergelt õliga.
b) Lõika õunafilee või glasuuritud sõõrikud hammustuste suurusteks tükkideks. Enne märgade koostisosade lisamist purustage tükid täielikult segistiga.
c) Kui tükid on murenenud, lisage vaniljekaunapasta ja järk-järgult lisage üks supilusikatäis õunavõid, kuni segu saavutab niiske konsistentsi, mis meenutab küpsisetainast, kuid mitte nii kleepuvat kui koogitainas.
d) Tainas peaks moodustama suure palli ja hoidma rullimisel oma kuju, ilma murenemata.
e) Kasutage portsjoniteks 1-untsi küpsiselussi ja rullige tainas pallideks.
f) Segage mikrolaineahjus kasutatavas kausis peotäis karamelle ühe kolmandiku tugeva vahukoorega. Soojendage mikrolaineahjus 10-sekundiliste sammudega, segades pärast iga ringi, kokku 30 sekundit, et vältida kõrbemist.
g) Kasta kookipulkade otsad sulanud karamelli sisse. See aitab tainapallidel pulkade külge kleepuda.
h) Kastke karamelliga kaetud pulgaots umbes poole tolli ulatuses rullitud taignapallidesse ja asetage need ettevalmistatud ahjuplaadile.
i) Valikuline: sügavkülma koogipulgad koos pulkadega 15-20 minutiks, et neid oleks lihtsam karamelli sisse kasta.
j) Sel ajal, kui koogid tahkuvad, tükeldage maapähklid ja asetage need kaussi. Valmista ette ka koogikatted.

k) Kuumuta ülejäänud karamell ja raske vahukoor kastrulis madalal kuumusel, pidevalt segades, kuni see on ühtlane ja sulanud.

l) Kühveldage suure lusikaga sooja sulanud karamelli ja keerake tordipabereid lusikas, mitte ei kasta neid otse.

m) Kohe pärast koogipõrskude kuumas karamellis keerutamist kastke need hakitud maapähklitesse ja asetage koogivoodritesse.

n) Jahutage koogid külmkapis, et säilitada nende kuju ja värskus. Eemaldage need külmkapist vähemalt 10 minutit enne serveerimist.

71. Soolakaramelli koogipallid

KOOSTISOSAD:
KOOGIPALLIDE JAOKS:
- 1 karp karamellisegu
- ½ tassi soolamata võid, pehmendatud
- ½ tassi täispiima
- 3 suurt muna

SOOLATUD KARAMELLTÄIDISE PUHUL:
- 1 tass poest ostetud või omatehtud karamellkastet
- ½ tl meresoola

KOMMIKATE KOHTA:
- 12 untsi karamellimaitselist kommi sulab
- 2 supilusikatäit taimeõli või lühendamist
- Jäme meresool (kaunistuseks, valikuline)

KOOGIPALLIDE KOOSTAMISEKS:
- Cake pop pulgad või pulgakommi pulgad

JUHISED:
KOOGIPALLIDE JAOKS:
a) Kuumuta ahi koogisegu karbil märgitud temperatuurini.
b) Määri ja jahu või vooderda ahjupann küpsetuspaberiga.
c) Valmistage segamisnõus karamellisegu vastavalt pakendi juhistele, kasutades soolamata võid, täispiima ja mune.
d) Küpseta kooki eelsoojendatud ahjus, kuni keskele torgatud hambaork tuleb puhtana välja.
e) Lase koogil täielikult jahtuda.

SOOLATUD KARAMELLTÄIDISE PUHUL:
f) Eraldi kausis segage karamellikaste meresoolaga, kuni see on hästi segunenud.

KOOGIPALLIDE KOOSTAMISEKS:
g) Purusta jahtunud kook käte või köögikombaini abil peeneks puruks.
h) Sega soolakaramelltäidis tordipuru hulka, kuni see on hästi segunenud.
i) Veereta segust väikesed, umbes pingpongipalli suurused tordipallid ja aseta need küpsetuspaberiga kaetud ahjuplaadile.

j) Jahuta koogipallid külmkapis umbes 30 minutit või kuni need on tahked.

KOMMIKATE KOHTA:

k) Sulata mikrolaineahjukindlas kausis karamellimaitselised kommid või karamellimaitselised šokolaaditükid taimeõliga või lühikeste ajavahemike järel segades ühtlaseks.

l) Lõpetama:

m) Kastke kookipulga ots sulanud kommikatte sisse ja torgake see umbes poole pealt jahutatud koogipalli keskele.

n) Kastke kogu koogipall sulatatud kommikatte sisse, veendudes, et see oleks täielikult kaetud.

o) Soovi korral puista igale koogipallile näpuotsatäie jämedat meresoola, et saada maitset.

p) Asetage koogipallid vahtpolüstüroolplokki või koogialusesse püsti, et kommikate täielikult hanguks.

72. Karamell-šokolaadikoogid

KOOSTISOSAD:
- 1 karp šokolaadikoogi segu
- 1 tass karamellkastet
- 1 tass šokolaadiglasuuri
- 12 untsi piimašokolaadikommi sulab
- Kaunistuseks purustatud karamellkommid

JUHISED:
a) Valmista šokolaadikoogi segu vastavalt pakendi juhistele. Lase täielikult jahtuda.
b) Murenda kook suurde kaussi ning sega hulka karamellikaste ja šokolaadiglasuur, kuni see on hästi segunenud.
c) Veereta segust väikesed pallid ja aseta need küpsetuspaberiga kaetud ahjuplaadile.
d) Sulata piimašokolaadikomm sulab vastavalt pakendi juhistele.
e) Kasta pulgakommipulga ots sulašokolaadi sisse ja pista koogipalli sisse. Korda sama ülejäänud koogipallidega.
f) Kastke iga koogipopp sulašokolaadi sisse, koputades maha kõik ülejäägid.
g) Puista kaunistuseks iga koogipopi peale purustatud karamellkommid.
h) Lase koogipottidel küpsetuspaberil taheneda, kuni šokolaadikate taheneb.

73.Karamelli kookoskoogi pops

KOOSTISOSAD:
- 1 karp vaniljekoogi segu
- 1 tass karamellkastet
- 1 tass hakitud kookospähklit
- 1 tass vanilje glasuur
- 12 untsi valget kommi sulab
- Kaunistuseks röstitud kookoshelbed

JUHISED:
a) Valmista vaniljekoogi segu vastavalt pakendi juhistele. Lase täielikult jahtuda.
b) Murenda kook suurde kaussi ja sega hulka karamellikaste, riivitud kookospähkel ja vaniljeglasuur, kuni see on hästi segunenud.
c) Veereta segust väikesed pallid ja aseta need küpsetuspaberiga kaetud ahjuplaadile.
d) Sulata valge komm sulab vastavalt pakendi juhistele.
e) Kasta pulgakommipulga ots sulanud kommisulatesse ja pista koogipalli sisse. Korda sama ülejäänud koogipallidega.
f) Kastke iga koogitükk sulanud kommisulatesse, koputades maha kõik ülejäägid.
g) Veereta kastetud koogipaprikaid kaunistuseks röstitud kookoshelvestes.
h) Lase koogipottidel küpsetuspaberil taheneda, kuni kommikate taheneb.

74.Karamell-pekaanipähkel koogipopsid

KOOSTISOSAD:

- 1 karp kollast koogisegu
- 1 tass karamellkastet
- 1 tass hakitud pekanipähklit
- 1 tass toorjuustu glasuur
- 12 untsi karamellimaitselised kommid sulavad
- Kaunistuseks hakitud pekanipähklid

JUHISED:

a) Valmista kollane koogisegu vastavalt pakendi juhistele. Lase täielikult jahtuda.
b) Murenda kook suurde kaussi ja sega hulka karamellikaste, hakitud pekanipähklid ja toorjuustukoor, kuni need on hästi segunenud.
c) Veereta segust väikesed pallid ja aseta need küpsetuspaberiga kaetud ahjuplaadile.
d) Sulata karamellimaitselised kommisulad vastavalt pakendi juhistele.
e) Kasta pulgakommipulga ots sulanud kommisulatesse ja pista koogipalli sisse. Korda sama ülejäänud koogipallidega.
f) Kastke iga koogitükk sulanud kommisulatesse, koputades maha kõik ülejäägid.
g) Puista kaunistamiseks iga koogitüki peale hakitud pekanipähklit.
h) Lase koogipottidel küpsetuspaberil taheneda, kuni kommikate taheneb.

75. Karamell-banaanikoogid

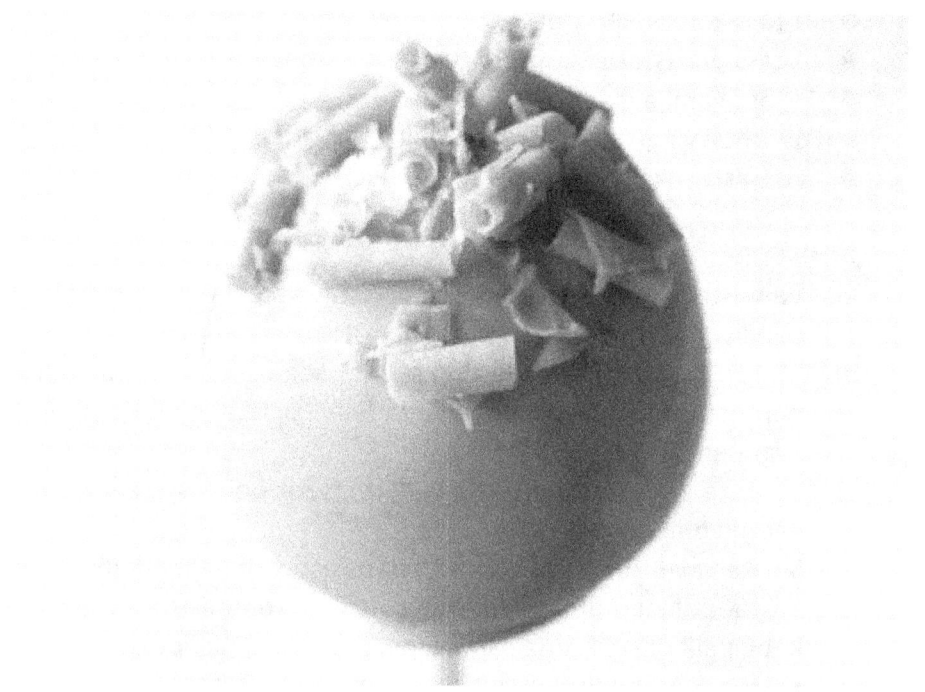

KOOSTISOSAD:
- 1 karp banaanikoogi segu
- 1 tass karamellkastet
- 1 tass purustatud küpseid banaane
- 1 tass vanilje glasuur
- 12 untsi valge šokolaadi kommid sulavad
- Kaunistuseks purustatud banaanilaastud

JUHISED:
a) Valmistage banaanikoogi segu vastavalt pakendi juhistele. Lase täielikult jahtuda.
b) Murenda kook suurde kaussi ja sega hulka karamellikaste, püreestatud küpsed banaanid ja vaniljekaste, kuni need on hästi segunenud.
c) Veereta segust väikesed pallid ja aseta need küpsetuspaberiga kaetud ahjuplaadile.
d) Sulata valge šokolaadi komm sulab vastavalt pakendi juhistele.
e) Kasta pulgakommipulga ots sulanud kommisulatesse ja pista koogipalli sisse. Korda sama ülejäänud koogipallidega.
f) Kastke iga koogitükk sulanud kommisulatesse, koputades maha kõik ülejäägid.
g) Puista iga koogitüki peale kaunistamiseks purustatud banaanilaaste.
h) Lase koogipottidel küpsetuspaberil taheneda, kuni kommikate taheneb.

KÜPSISE KOOK POPS

76.Küpsised ja koorekoogid

KOOSTISOSAD:
KOOKIPOPSI JAOKS:
- 1 karp šokolaadikoogi segu
- ½ tassi soolamata võid, pehmendatud
- ½ tassi täispiima
- 3 suurt muna
- 1 tass purustatud šokolaadi võileivaküpsiseid (nt Oreo)

VALGE ŠOKOLAADI KATE KOHTA:
- 12 untsi valgeid komme sulab või valge šokolaadi laastud
- 2 supilusikatäit taimeõli või lühendamist

KOOKIPOPSI KOOSTAMISEKS:
- Cake pop pulgad või pulgakommi pulgad

JUHISED:
KOOKIPOPSI JAOKS:
a) Kuumuta ahi koogisegu karbil märgitud temperatuurini.
b) Määri ja jahu või vooderda ahjupann küpsetuspaberiga.
c) Valmistage segamisnõus šokolaadikoogisegu vastavalt pakendi juhistele, kasutades soolamata võid, täispiima ja mune.
d) Voldi purustatud šokolaadiküpsised koogitainasse, kuni need on hästi segunenud.
e) Küpseta kooki eelsoojendatud ahjus, kuni keskele torgatud hambaork tuleb puhtana välja.
f) Lase koogil täielikult jahtuda.

KOOKIPOPSI KOOSTAMISEKS:
g) Purusta jahtunud kook käte või köögikombaini abil peeneks puruks.
h) Veereta segust väikesed, umbes pingpongipalli suurused tordipallid ja aseta need küpsetuspaberiga kaetud ahjuplaadile.
i) Jahuta koogipallid külmkapis umbes 30 minutit või kuni need on tahked.

VALGE ŠOKOLAADI KATE KOHTA:
j) Sulata mikrolaineahjus kasutatavas kausis valged kommid või valge šokolaadi laastud taimeõliga või lühikeste ajavahemike järel segades ühtlaseks massiks.

LÕPETAMA:
k) Kastke kookipulga ots sulatatud valgesse šokolaadi ja pista see umbes poole pealt jahtunud koogipalli keskele.
l) Kastke kogu koogitükk sulatatud valgesse šokolaadi ja veenduge, et see oleks täielikult kaetud.
m) Soovi korral kaunista koogitükid pealt veel purustatud šokolaadiküpsistega, kuni kate on veel märg.
n) Asetage koogid püsti vahtpolüstüroolplokki või tordialusesse, et valge šokolaadi kate saaks täielikult hanguda.

77.Biscoffi koogipopid

KOOSTISOSAD:

- 2 tassi murendatud Biscoffi küpsiseid
- ½ tassi toorjuustu, pehmendatud
- 12 untsi valget šokolaadi, sulatatud
- Pulgakommpulgad
- Puistad või purustatud Biscoffi küpsised (kaunistuseks)

JUHISED:

a) Sega kausis murendatud Biscoffi küpsised ja pehme toorjuust, kuni need on hästi segunenud.

b) Rullige segust väikesed, umbes 1-tollise läbimõõduga pallid ja asetage need pärgamendiga kaetud ahjuplaadile.

c) Torka igasse koogipalli sisse pulgakommipulk ja pane need umbes 30 minutiks sügavkülma.

d) Kasta iga koogipapp sulatatud valgesse šokolaadi, lastes üleliigsel maha tilkuda.

e) Kaunista koogitükid kohe enne šokolaadi tardumist pritsmete või purustatud Biscoffi küpsistega.

f) Asetage koogid püsti vahtplokki või vahtpolüstürooli, et need kuivaksid ja täielikult tarduksid.

g) Kui šokolaad on tahenenud, on need serveerimiseks valmis.

78. Jäätunud loomade küpsisekoogid

KOOSTISOSAD:

- 2 kotti (igaüks 9 untsi) Frosted Circus küpsiseid
- 1 plokk toorjuustu
- 1 kott (12 untsi) valget sulavat šokolaadi
- 1 kott (12 untsi) roosat sulavat šokolaadi
- Vikerkaarepritsid
- Cake Pop pulgad

JUHISED:

a) Alustuseks reserveerige umbes 8 loomaküpsist ja töödelge ülejäänud küpsised köögikombainis peeneks jahvatamiseks.
b) Kombineeri sulatatud küpsised ja toorjuust suures segamiskausis, tagades põhjaliku segunemise.
c) Rullige segust 1-tollised pallid ja asetage need küpsetuspaberile.
d) Jahuta külmikus umbes tund aega.
e) Sulata valge ja roosa šokolaad eraldi kaussides, kasutades mikrolaineahjus 45-sekundiliste intervallidega ja segades iga järel ühtlaseks.
f) Tõsta välja jahutatud kookipallid. Kastke iga koogipulga ots sulatatud valgesse šokolaadi ja lükake see õrnalt poolenisti koogipopi sisse, hoides seda vajadusel peopesas.
g) Tõsta koogid korraks 5-10 minutiks külmkappi tahenema.
h) Eemaldage külmkapist ja kastke kohe pool igast koogipoogist valgesse šokolaadi ja teine pool roosa šokolaadi sisse.
i) Raputage üleliigne šokolaad maha ja asetage koogid ettevaatlikult küpsetuspaberile, tagades, et tikk seisab püsti. Enne šokolaadi tardumist puista neile vikerkaarepuistad.
j) Kui see on täielikult hangunud ja tahenenud, lisage reserveeritud küpsistele väike kogus šokolaadi ja kinnitage need mõne koogipapi kõrvale.
k) Serveeri ja naudi nende veetlevate hõrgutiste maitset!

79.Sünnipäeväküpsisekoogid

KOOSTISOSAD:
- 18 koorega täidetud võileivaküpsist, näiteks Oreos
- 4 untsi toorjuustu
- 1 ½ tassi šokolaaditükke
- Erinevad glasuurid, kaunistuseks
- Erinevad puistad, kaunistamiseks
- Küünlad, kaunistamiseks

JUHISED:
a) Köögikombainis vahusta küpsiseid, kuni need on jämedalt murenenud.
b) Lisa toorjuust ja jätka pulseerimist, kuni segu on hästi segunenud ja suuri küpsisetükke pole alles.
c) Rullige küpsisegu osad kätega 1-tollisteks pallideks, seejärel tõmmake need kergelt lapikuks, et tekiks litrikujulised hüpped.
d) Torka pulgakommipulk igasse küpsisepapi sisse ja aseta need küpsetuspaberiga kaetud ahjuplaadile. Pane popsid 30 minutiks sügavkülma.
e) Sulata šokolaaditükid mikrolaineahjus 30-sekundiliste intervallidega, segades iga intervalli vahel.
f) Kastke küpsised sulatatud šokolaadi sisse, raputades maha kõik üleliigsed, seejärel puistake need üle. Tõsta popsid tagasi küpsetusplaadile, kuni šokolaad taheneb.
g) Kui see on hangunud, tõmmake iga hüpikakna serva ümber jäätunud ääris. Kärbi küünlaid ja sisesta need iga küpsisepaela ülaossa.
h) Serveeri kohe või hoia serveerimiseni külmkapis. Nautige neid veetlevaid maiustusi oma pidustusel!

80.Šokolaadiküpsistega koogipopid

KOOSTISOSAD:
TOOGI JAOKS:
- ½ tassi soolamata võid, pehmendatud
- ½ tassi suhkrut
- ½ tassi helepruuni suhkrut
- 2 tl puhast vaniljeekstrakti
- 5 spl hapukoort
- 2 muna
- 1 ⅔ tassi jahu
- 1 ¾ tl küpsetuspulbrit
- ¼ teelusikatäit soola
- 5 spl piima
- 3 spl vett
- ¾ tassi mini šokolaaditükke

KÜRMUMISEKS:
- ½ tassi soolamata võid, pehmendatud
- ¼ tassi helepruuni suhkrut
- 1 ¼ tassi tuhksuhkrut
- ½ supilusikatäit piima
- ¼ tl vanilli
- ⅛ teelusikatäis soola

KOOKIPOPPI KOOSTAMISEKS:
- 20 untsi tumedat šokolaadi
- 36 kommipulka
- ¼ tassi mini šokolaaditükke

JUHISED:
TOOGI JAOKS:
a) Kuumuta ahi 350 kraadi Fahrenheiti järgi. Määri 13x9 ristkülikukujuline pann mittenakkuva pihustiga ja tõsta kõrvale.

b) Vahusta segamisnõus suhkrud ja või, kasutades labakinnitusega mikserit, kuni segu on kerge ja kohev, umbes 3 minutit. Lisa hapukoor ja sega ühtlaseks. Seejärel lisa ükshaaval munad koos vanilliga ja sega ühtlaseks.

c) Eraldi keskmises kausis vahustage omavahel jahu, küpsetuspulber ja sool. Teises väikeses kausis segage vesi ja piim. Lisa pool kuivainetest taignale ja sega ühtlaseks. Seejärel lisa piimasegu ja sega ühtlaseks. Lõpuks lisa ülejäänud kuivained ja sega ühtlaseks.

d) Sega õrnalt sisse minišokolaaditükid. Tõsta tainas ettevalmistatud ahjuvormi ja küpseta umbes 20 minutit või kuni torgatud hambaork tuleb puhtana välja. Lase koogil täielikult jahtuda.

KÜRMUMISEKS:

e) Kui kook on jahtunud, valmista glasuur, vahustades või ja fariinsuhkru kausis kreemjaks. Lisa tuhksuhkur ja vahusta veel 2 minutit. Seejärel lisage piim, vanill ja sool ning segage, kuni see on segunenud.

KOOKIPOPPI KOOSTAMISEKS:

f) Murenda jahtunud kook ahjuvormi ja lisa puru ettevalmistatud glasuurile. Segage labakinnituse abil kuni segunemiseni, umbes 5-10 sekundit.

g) Vooderda ahjuplaat küpsetuspaberiga. Võtke välja umbes 1,5 supilusikatäit koogi ja glasuuri segu, rullige pallideks ja asetage küpsetuspaberile. Jahuta külmkapis umbes 1 tund, et taheneda.

h) Sulata tume šokolaad mikrolaineahjus 30-sekundiliste intervallidega, segades iga intervalli vahel.

i) Kasta kommipulk umbes 1 tolli sügavusele sulašokolaadi sisse ja pista seejärel koogipalli sisse. Kasta koogipall sulašokolaadi sisse, koputa üleliigne pealt ära ja aseta küpsetuspaberile kuivama. Puista enne šokolaadi tardumist kiiresti üle minišokolaaditükkidega.

j) Korrake kastmist ülejäänud koogipallidega, vajadusel kooge partiidena. Laske koogipabertel täielikult kuivada.

k) Säilita koogikesi säilitusnõus toatemperatuuril kuni 3 päeva. Nautige neid veetlevaid maiustusi!

81. Lofthouse'i küpsisekoogid

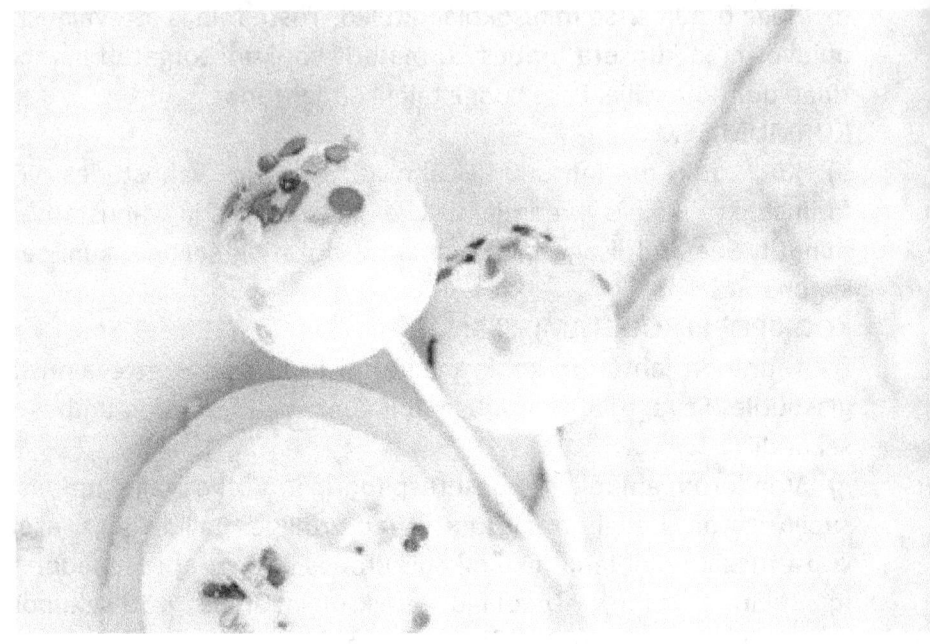

KOOSTISOSAD:
- 10 Lofthouse küpsist
- 4 untsi toorjuustu, pehmendatud
- 8 untsi valget šokolaadi, tükeldatud
- 1-2 spl kookosõli
- Sprinkles (valikuline)

JUHISED:

a) Asetage Lofthouse'i küpsised mikseri kaussi ja segage keskmisel kiirusel kuni need on peeneks murenenud.

b) Lisa murendatud küpsistele pehmendatud toorjuust ja sega, kuni segu on ühtlane.

c) Kühveldage tainast umbes 1,5 spl ja rullige see kätega pallideks. Aseta tainapallid küpsetuspaberi või vahapaberiga kaetud küpsiseplaadile.

d) Sulata valge šokolaad koos poole kookosõliga kas kahekordsel katlal või mikrolaineahjus 30-sekundiliste sammudega. Lisa veel kookosõli, kui šokolaad on liiga paks.

e) Kasta tortipulga ots sulašokolaadi sisse ja torka see umbes poolenisti igasse taignapalli sisse.

f) Aseta küpsiseplaat koos taignapallidega 5 minutiks külmkappi tahenema.

g) Kasta iga taignapall sulatatud šokolaadi sisse, kattes selle täielikult ja soovi korral puista peale.

h) Asetage kaetud koogitükid küpsiseplaadile või parema esituse saamiseks lükake pulga ots vahtpolüstüroolitüki sisse, et see püsti tõusta.

i) Enne serveerimist lase šokolaadil vähemalt 10 minutit taheneda.

j) Nautige neid veetlevaid Lofthouse Cookie Cake Popsi maitsva maiuspalana igaks sündmuseks!

82.Küpsisetainast koogipopid

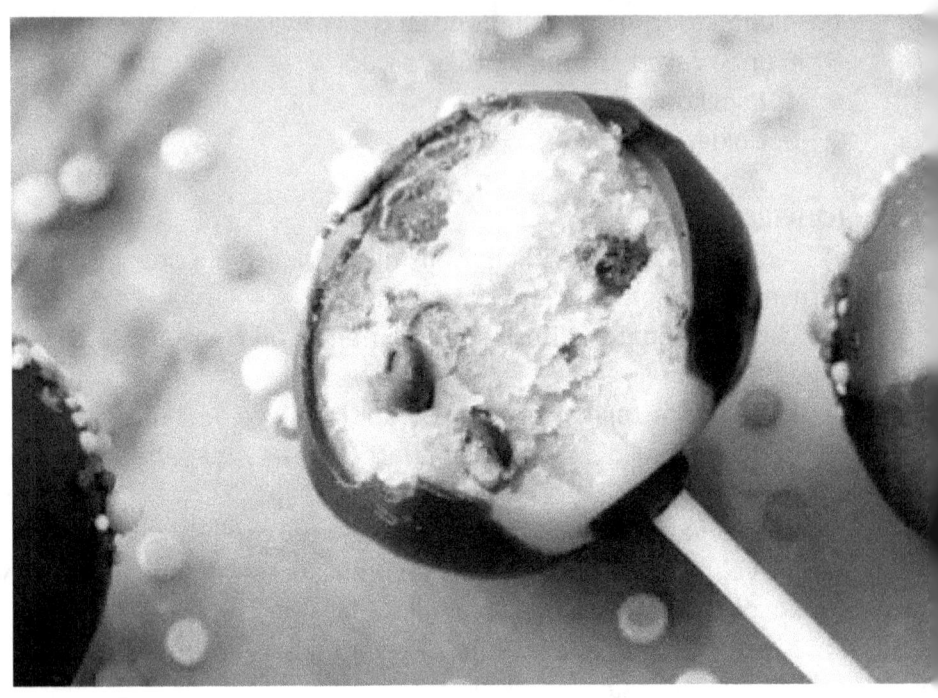

KOOSTISOSAD:
- 1 ¾ tassi universaalset jahu
- 1 tass soolata võid, pehmendatud toatemperatuurini
- 1 ½ tassi tihedalt pakitud pruuni suhkrut
- ¼ tassi suhkrut
- 1 tl vaniljeekstrakti
- ½ tl soola
- ½ tassi mini šokolaaditükke
- 10 untsi tumeda šokolaadi sulamisvahvlid
- Pritsid (valikuline)

JUHISED:
a) Vahusta suures kausis elektrimikseri abil pehme või ja suhkrud kreemjaks vahuks.
b) Lisa vaniljeekstrakt ja sool ning sega korralikult läbi.
c) Lisage järk-järgult jahutatud sõelutud jahusegu, segades, kuni see on täielikult segunenud.
d) Sega hulka minišokolaaditükid.
e) Lõika küpsisetaignast 1,5 supilusikatäit pallikesed ja rulli peopesade vahel ühtlaseks massiks.
f) Asetage tainapallid vahapaberiga kaetud küpsiseplaadile ja jahutage 20 minutit külmkapis (vältige pikemat jahutamist, kuna see võib mõjutada kookipulkade sisestamist).
g) Kuni tainas jahtub, valmistage vahtpolüstüroolist karp või tükk, tehes väikese augu, et kookipulk sobiks ja oleks toestatud.
h) Kui küpsisetainapallid on jahtunud, valmista väikeses kausis sulamisvahvlid vastavalt pakendi juhistele.
i) Kastke kookipulga üks ots umbes ½ tolli ulatuses sulatatud tumedasse šokolaadi ja seejärel lükake see õrnalt umbes poolenisti küpsise taignapalli sisse.
j) Hoia pulgast kinni ja kasta küpsisetainas sulatatud tumeda šokolaadi kaussi. Nõruta üleliigne šokolaad ja lisa kohe puistad. Asetage pulk ettevalmistatud karpi või vahtpolüstürooli, et šokolaad enne hoiustamist või serveerimist tahetuks.
k) Nautige neid veetlevaid Cookie Dough Popsi maitsva maiuspalana!

PUHKUSE KOOK POPS

83.Sõbrapäeva koogid

KOOSTISOSAD:
- 1 karp punase sametise koogi segu
- 1 tass toorjuustu glasuur
- 12 untsi punast kommi sulab
- Kaunistuseks sõbrapäevateemalised puistad või südamekujulised kommid

JUHISED:
a) Valmista punase sametise koogi segu vastavalt pakendi juhistele. Lase täielikult jahtuda.
b) Murenda kook suurde kaussi ja sega toorjuustu glasuuriga, kuni see on hästi segunenud.
c) Veereta segust väikesed pallid ja aseta need küpsetuspaberiga kaetud ahjuplaadile.
d) Sulata punased kommid sulavad vastavalt pakendi juhistele.
e) Kasta pulgakommipulga ots sulanud kommisulatesse ja pista koogipalli sisse. Korda sama ülejäänud koogipallidega.
f) Kastke iga koogitükk sulanud kommisulatesse, koputades maha kõik ülejäägid.
g) Kaunista sõbrapäeva-teemaliste puiste või südamekujuliste kommidega.
h) Lase koogipottidel küpsetuspaberil taheneda, kuni kommikate taheneb.

84. Halloweeni koogid

KOOSTISOSAD:
- 1 karp šokolaadikoogi segu
- 1 tass šokolaadiglasuuri
- 12 untsi oranži kommi sulab
- Must kaunistusglasuur
- Kaunistuseks Halloweeni-teemalised puistad või kommisilmad

JUHISED:
a) Valmista šokolaadikoogi segu vastavalt pakendi juhistele. Lase täielikult jahtuda.
b) Murenda kook suurde kaussi ja sega hulka šokolaadiglasuur, kuni see on hästi segunenud.
c) Veereta segust väikesed pallid ja aseta need küpsetuspaberiga kaetud ahjuplaadile.
d) Sulata oranži kommi sulad vastavalt pakendi juhistele.
e) Kasta pulgakommipulga ots sulanud kommisulatesse ja pista koogipalli sisse. Korda sama ülejäänud koogipallidega.
f) Kastke iga koogitükk sulanud kommisulatesse, koputades maha kõik ülejäägid.
g) Kasutage musta kaunistusglasuuri, et joonistada kookidele õudsed näod või kujundused.
h) Kaunista halloweeni-teemaliste puisiste või kommisilmadega.
i) Lase koogipottidel küpsetuspaberil taheneda, kuni kommikate taheneb.

85. Lihavõttekoogid

KOOSTISOSAD:
- 1 karp porgandikoogi segu
- 1 tass toorjuustu glasuur
- 12 untsi pastellvärvi kommid sulavad (nt roosa, sinine või kollane)
- Lisandiks lihavõtteteemalised puistad või kommikaunistused

JUHISED:
a) Valmista porgandikoogi segu vastavalt pakendi juhistele. Lase täielikult jahtuda.
b) Murenda kook suurde kaussi ja sega toorjuustu glasuuriga, kuni see on hästi segunenud.
c) Veereta segust väikesed pallid ja aseta need küpsetuspaberiga kaetud ahjuplaadile.
d) Sulata pastelsetes toonides sulanud kommid vastavalt pakendi juhistele.
e) Kasta pulgakommipulga ots sulanud kommisulatesse ja pista koogipalli sisse. Korda sama ülejäänud koogipallidega.
f) Kastke iga koogitükk sulanud kommisulatesse, koputades maha kõik ülejäägid.
g) Kaunista erinevate lihavõtteteemaliste puiste- või kommikaunistustega.
h) Lase koogipottidel küpsetuspaberil taheneda, kuni kommikate taheneb.

86.Neljanda juuli koogipopid

KOOSTISOSAD:
- 1 karp valge koogi segu
- 1 tass vanilje glasuur
- 12 untsi punast, valget ja sinist kommi sulab (või punane, valge ja sinine toiduvärv valge šokolaadi jaoks)
- Kaunistuseks isamaalised puistad või söödavad litrid

JUHISED:
a) Valmistage valge koogi segu vastavalt pakendi juhistele. Lase täielikult jahtuda.
b) Murenda kook suurde kaussi ja sega vaniljeglasuuriga, kuni see on hästi segunenud.
c) Veereta segust väikesed pallid ja aseta need küpsetuspaberiga kaetud ahjuplaadile.
d) Sulata punane, valge ja sinine kommid eraldi vastavalt pakendi juhistele (või sulata valge šokolaad ja värvi see punase ja sinise toiduvärviga).
e) Kastke iga koogipapp sulatatud kommisulatesse, üks värv korraga, koputades maha kõik ülejäägid.
f) Aseta koogipaber tagasi küpsetuspaberile ja kaunista isamaaliste puiste või söödavate litritega.
g) Lase koogipottidel küpsetuspaberil taheneda, kuni kommikate taheneb.

87.Tänupüha koogid

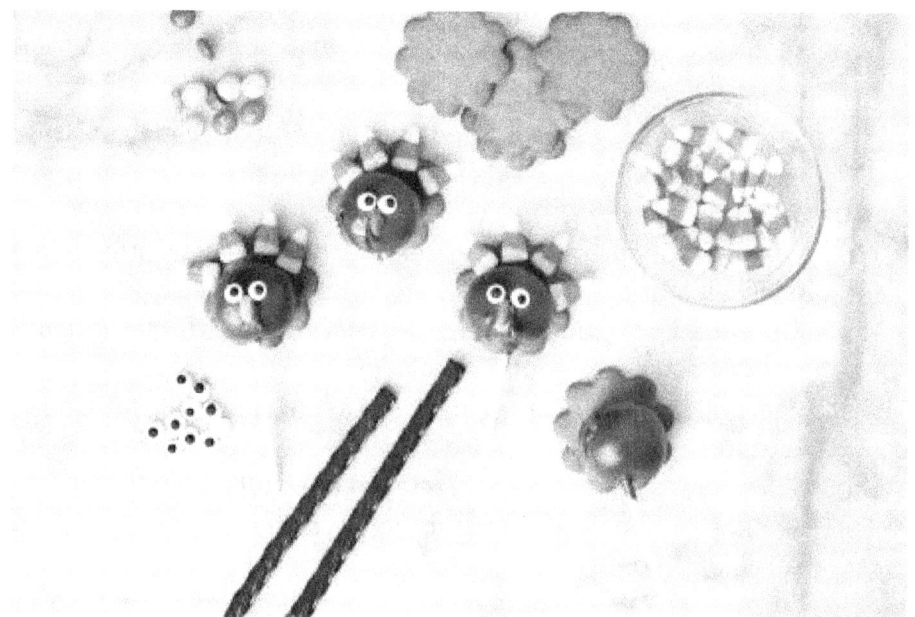

KOOSTISOSAD:
- 1 karp kõrvitsa maitseainetordi segu
- 1 tass toorjuustu glasuur
- 12 untsi oranži kommi sulab
- Kaunistuseks pruunid kommid või šokolaad
- Kaunistuseks sügisteemalised puistad või söödavad kaunistused

JUHISED:
a) Valmista kõrvitsa-vürtskoogi segu vastavalt pakendi juhistele. Lase täielikult jahtuda.
b) Murenda kook suurde kaussi ja sega toorjuustu glasuuriga, kuni see on hästi segunenud.
c) Veereta segust väikesed pallid ja aseta need küpsetuspaberiga kaetud ahjuplaadile.
d) Sulata oranži kommi sulad vastavalt pakendi juhistele.
e) Kastke iga koogitükk sulanud kommisulatesse, koputades maha kõik ülejäägid.
f) Kui see on tahkunud, sulatage pruunid kommid või šokolaad ja kasutage seda kalkuni nägudele või muudele tänupüha-teemalistele kujundustele joonistamiseks.
g) Kaunista sügisteemaliste puisiste või söödavate kaunistustega.
h) Lase koogipottidel küpsetuspaberil taheneda, kuni kommikate taheneb.

88. Püha Patricku päeva koogipopsid

KOOSTISOSAD:
- 1 karp šokolaadikoogi segu
- 1 tass šokolaadiglasuuri
- 12 untsi rohelist kommi sulab
- Kaunistuseks kuldne söödav tolm või kuldsed puistad

JUHISED:
a) Valmista šokolaadikoogi segu vastavalt pakendi juhistele. Lase täielikult jahtuda.
b) Murenda kook suurde kaussi ja sega hulka šokolaadiglasuur, kuni see on hästi segunenud.
c) Veereta segust väikesed pallid ja aseta need küpsetuspaberiga kaetud ahjuplaadile.
d) Sulata rohelised kommid sulavad vastavalt pakendi juhistele.
e) Kastke iga koogitükk sulanud kommisulatesse, koputades maha kõik ülejäägid.
f) Puistake iga koogitüki peale kaunistuseks kuldset söödavat tolmu või kuldset puistatust.
g) Lase koogipottidel küpsetuspaberil taheneda, kuni kommikate taheneb.

89. Hanuka koogipopid

KOOSTISOSAD:
- 1 karp vaniljekoogi segu
- 1 tass vanilje glasuur
- 12 untsi sinist kommi sulab
- Valged kommid sulavad
- Kaunistuseks hõbedane söödav tolm või hõbedased puistad

JUHISED:
a) Valmista vaniljekoogi segu vastavalt pakendi juhistele. Lase täielikult jahtuda.
b) Murenda kook suurde kaussi ja sega vaniljeglasuuriga, kuni see on hästi segunenud.
c) Veereta segust väikesed pallid ja aseta need küpsetuspaberiga kaetud ahjuplaadile.
d) Sulata sinised kommid sulavad vastavalt pakendi juhistele.
e) Kastke iga koogitükk sulanud sinistesse kommisulatesse, koputades maha kõik ülejäägid.
f) Kui see on tahkunud, sulatage valge komm sulama ja kasutage seda Taaveti tähe kujunduste või muude Hanuka-teemaliste kaunistuste joonistamiseks.
g) Puista kaunistamiseks iga koogitüki peale hõbedast söödavat tolmu või hõbedat.
h) Lase koogipottidel küpsetuspaberil taheneda, kuni kommikate taheneb.

90.Jõulupopid

KOOSTISOSAD:
VENEMAA TEEKOOKIDE JAOKS:
- 1 Retsept Vene teekoogid, küpsetatud ja täielikult jahutatud, kuid mitte suhkrus veeretatud

JÄÄSTUSE KOHTA:
- 4 tassi kondiitri suhkrut
- 1/3 tassi kuuma piima
- 3 spl soolata võid, pehmendatud
- 1 spl heledat maisisiirupit
- 1 tl vaniljeekstrakti
- 1 tl taimeõli
- 1/4 teelusikatäit soola
- Punane ja roheline toiduvärv
- 4 untsi valget poolmagusat šokolaadi, sulatatud (valikuline)

JUHISED:
VENEMAA TEEKOOKIDE (KÜPSISED):
a) Valmistage oma retsepti järgi partii vene teekooke. Küpsetage küpsised ja laske neil täielikult jahtuda, kuid ärge veeretage neid suhkrus. Kõrvale panema.
b) Jäätumise jaoks:
c) Asetage keskmise suurusega kaussi kondiitrite suhkur. Segage järk-järgult kuuma piima, kuni saavutate ühtlase glasuuri konsistentsi.
d) Lisa pehmendatud soolata või ja sega, kuni see on hästi segunenud.
e) Segage hele maisisiirup, vaniljeekstrakt, taimeõli ja näpuotsaga soola, kuni segu on ühtlane.
f) Jaga glasuur pooleks. Tooni üks pool punase toiduvärviga ja teine pool rohelise toiduvärviga, luues pidulikke jõuluvärve.

JÕULUKOHADE KOKKUVÕTE:
g) Võtke iga jahtunud Vene teekook ja kastke see ükshaaval täielikult värvilise glasuuriga. Laske üleliigsel glasuuril maha tilkuda ja asetage kaetud küpsised ajalehe kohale asetatud restile kuivama. See aitab tilkudest kinni püüda ja hõlbustab puhastamist.
h) Kui esimene glasuurkiht on kuivanud, korrake kastmisprotsessi, et tagada paksem ja ühtlasem glasuurkiht.

i) Pärast teise kihi kuivamist võite olla loominguline, nihutades järelejäänud glasuurist atraktiivse disainiga Popsi. Alternatiivina võite niristada sulatatud valget poolmagusat šokolaadi, et lisada dekoratiivsust.

j) Enne nende mõnusate jõulumaiuste serveerimist või kinkimist laske popsil taheneda ja glasuuril tahkuda.

VEGGIE KOOK POPS

91.Suvikõrvitsakoogid

KOOSTISOSAD:
- 1 tass hakitud suvikõrvitsat
- 1 karp vürtsikoogi segu
- 1 tass toorjuustu glasuur
- 12 untsi valge šokolaadi kommid sulavad
- Kaunistuseks hakitud kreeka pähklid

JUHISED:
a) Kuumuta oma ahi vastavalt koogisegu karbil olevatele juhistele. Määri ja jahuga koogivorm.
b) Valmistage vürtsikoogi segu vastavalt pakendi juhistele, seejärel segage tükeldatud suvikõrvits.
c) Vala tainas ettevalmistatud koogivormi ja küpseta vastavalt pakendi juhistele. Lase täielikult jahtuda.
d) Murenda jahtunud kook suurde kaussi ja sega toorjuustuvahuga, kuni see on hästi segunenud.
e) Veereta segust väikesed pallid ja aseta need küpsetuspaberiga kaetud ahjuplaadile.
f) Sulata valge šokolaadi komm sulab vastavalt pakendi juhistele.
g) Kasta pulgakommipulga ots sulašokolaadi sisse ja pista koogipalli sisse. Korda sama ülejäänud koogipallidega.
h) Kastke iga koogipopp sulašokolaadi sisse, koputades maha kõik ülejäägid.
i) Puista kaunistamiseks iga koogitüki peale hakitud kreeka pähkleid.
j) Lase koogipottidel küpsetuspaberil taheneda, kuni šokolaadikate taheneb.

92.Peedi-šokolaadikoogid

KOOSTISOSAD:
- 1 tass riivitud punapeeti
- 1 karp šokolaadikoogi segu
- 1 tass šokolaadiglasuuri
- 12 untsi tumeda šokolaadi kommi sulab
- Kaunistuseks puistad või söödavad lilled

JUHISED:
a) Kuumuta oma ahi vastavalt koogisegu karbil olevatele juhistele. Määri ja jahuga koogivorm.
b) Valmistage šokolaadikoogisegu vastavalt pakendi juhistele, seejärel segage riivitud peet.
c) Vala tainas ettevalmistatud koogivormi ja küpseta vastavalt pakendi juhistele. Lase täielikult jahtuda.
d) Murenda jahtunud kook suurde kaussi ja sega hulka šokolaadiglasuur, kuni see on hästi segunenud.
e) Veereta segust väikesed pallid ja aseta need küpsetuspaberiga kaetud ahjuplaadile.
f) Sulata tume šokolaad sulab vastavalt pakendi juhistele.
g) Kasta pulgakommipulga ots sulašokolaadi sisse ja pista koogipalli sisse. Korda sama ülejäänud koogipallidega.
h) Kastke iga koogipopp sulašokolaadi sisse, koputades maha kõik ülejäägid.
i) Kaunista iga koogitüki peal puiste või söödavate lilledega.
j) Lase koogipottidel küpsetuspaberil taheneda, kuni šokolaadikate taheneb.

93.Maguskartuli vürtsikoogid

KOOSTISOSAD:
- 1 tass maguskartulipüreed
- 1 karp vürtsikoogi segu
- 1 tass toorjuustu glasuur
- 12 untsi oranži kommi sulab
- Kaunistuseks purustatud grahami kreekerid

JUHISED:
a) Kuumuta oma ahi vastavalt koogisegu karbil olevatele juhistele. Määri ja jahuga koogivorm.
b) Valmistage vürtsikoogisegu vastavalt pakendi juhistele, seejärel segage kartulipüree.
c) Vala tainas ettevalmistatud koogivormi ja küpseta vastavalt pakendi juhistele. Lase täielikult jahtuda.
d) Murenda jahtunud kook suurde kaussi ja sega toorjuustuvahuga, kuni see on hästi segunenud.
e) Veereta segust väikesed pallid ja aseta need küpsetuspaberiga kaetud ahjuplaadile.
f) Sulata oranži kommi sulad vastavalt pakendi juhistele.
g) Kasta pulgakommipulga ots sulanud kommisulatesse ja pista koogipalli sisse. Korda sama ülejäänud koogipallidega.
h) Kastke iga koogitükk sulanud kommisulatesse, koputades maha kõik ülejäägid.
i) Puista kaunistamiseks iga koogipoogi peale purustatud Grahami kreekerid.
j) Lase koogipottidel küpsetuspaberil taheneda, kuni kommikate taheneb.

94. Pumpkin Spice Cake Pops

KOOSTISOSAD:
- 1 tass konserveeritud kõrvitsapüreed
- 1 karp kõrvitsa maitseainetordi segu
- 1 tass toorjuustu glasuur
- 12 untsi oranži kommi sulab
- Kõrvitsakujulised puistad või söödavad kaunistused kaunistuseks

JUHISED:
a) Kuumuta oma ahi vastavalt koogisegu karbil olevatele juhistele. Määri ja jahuga koogivorm.
b) Valmistage kõrvitsa-vürtskoogi segu vastavalt pakendi juhistele, seejärel segage konserveeritud kõrvitsapüree.
c) Vala tainas ettevalmistatud koogivormi ja küpseta vastavalt pakendi juhistele. Lase täielikult jahtuda.
d) Murenda jahtunud kook suurde kaussi ja sega toorjuustuvahuga, kuni see on hästi segunenud.
e) Veereta segust väikesed pallid ja aseta need küpsetuspaberiga kaetud ahjuplaadile.
f) Sulata oranži kommi sulad vastavalt pakendi juhistele.
g) Kasta pulgakommipulga ots sulanud kommisulatesse ja pista koogipalli sisse. Korda sama ülejäänud koogipallidega.
h) Kastke iga koogitükk sulanud kommisulatesse, koputades maha kõik ülejäägid.
i) Kaunista kõrvitsakujuliste puistade või söödavate kaunistustega iga koogitüki peal.
j) Lase koogipottidel küpsetuspaberil taheneda, kuni kommikate taheneb.

95.Ube Cake Pops

KOOSTISOSAD:
- 1 tass riivitud keedetud lillat jamsi (ube)
- 1 karp vaniljekoogi segu
- 1 tass toorjuustu glasuur
- 12 untsi lillat kommi sulab
- Kaunistuseks Ube-maitselised kommid või puistad

JUHISED:
a) Kuumuta oma ahi vastavalt koogisegu karbil olevatele juhistele. Määri ja jahuga koogivorm.
b) Valmistage vaniljekoogi segu vastavalt pakendi juhistele, seejärel segage riivitud keedetud lilla jamss.
c) Vala tainas ettevalmistatud koogivormi ja küpseta vastavalt pakendi juhistele. Lase täielikult jahtuda.
d) Murenda jahtunud kook suurde kaussi ja sega toorjuustuvahuga, kuni see on hästi segunenud.
e) Veereta segust väikesed pallid ja aseta need küpsetuspaberiga kaetud ahjuplaadile.
f) Sulata lillad kommid sulavad vastavalt pakendi juhistele.
g) Kasta pulgakommipulga ots sulanud kommisulatesse ja pista koogipalli sisse. Korda sama ülejäänud koogipallidega.
h) Kastke iga koogitükk sulanud kommisulatesse, koputades maha kõik ülejäägid.
i) Kaunista iga koogitüki peal ube-maitseliste kommide või puistatega.
j) Lase koogipottidel küpsetuspaberil taheneda, kuni kommikate taheneb.

96.Porgandikook Pops

KOOSTISOSAD:
- 3 tassi porgandikoogi jääke
- 4 spl vedelat juustukooki
- ½ portsjonit köögikombainis peeneks jahvatatud piimapuru
- 3 untsi valget šokolaadi, sulatatud

JUHISED:
a) Kombineeri porgandikoogi jäägid ja 25 g (2 supilusikatäit) vedelat juustukooki aluse mikseri kausis, mis on varustatud labakinnitusega, ja aja, kuni see on palliks sõtkumiseks piisavalt niiske. Kui see ei ole selleks piisavalt niiske, lisage kuni 25 g (2 supilusikatäit) vedelat juustukooki ja sõtke see sisse.
b) Jagage supilusikaga välja 12 ühtlast palli, millest igaüks on poole pingpongipalli suurusest. Rullige kumbki peopesade vahel, et vormida ja siluda ümaraks sfääriks.
c) Pane jahvatatud piimapuru keskmisesse kaussi. Latekskindad käes, pane peopessa 2 supilusikatäit valget šokolaadi ja veereta iga palli peopesade vahel, kattes õhukese sulašokolaadi kihiga; lisa vajadusel šokolaadi.
d) Pane 3 või 4 šokolaadiga kaetud palli korraga piimapuru kaussi. Viska need kohe üle katteks oleva puruga, enne kui šokolaadikoor tardub ega toimi enam liimina (kui see juhtub, kata pall teise õhukese sulašokolaadi kihiga).
e) Enne söömist või säilitamist hoidke šokolaadikoored külmkapis vähemalt 5 minutit. Õhukindlas pakendis säilivad Popsid külmkapis kuni 1 nädal.

PÄHKLI- JA SEEMNEKOOK POPS

97.Mandlirõõmu koogipopid

KOOSTISOSAD:
- 1 karp šokolaadikoogi segu
- 1 tass šokolaadiglasuuri
- 1/2 tassi hakitud kookospähklit
- 1/2 tassi hakitud mandleid
- 12 untsi piimašokolaadikompveki sulab
- Kaunistuseks terved mandlid

JUHISED:
a) Valmista šokolaadikoogi segu vastavalt pakendi juhistele. Lase täielikult jahtuda.
b) Murenda kook suurde kaussi ja sega hulka šokolaadiglasuur, riivitud kookospähkel ja hakitud mandlid, kuni need on hästi segunenud.
c) Veereta segust väikesed pallid ja aseta need küpsetuspaberiga kaetud ahjuplaadile.
d) Sulata piimašokolaadikomm sulab vastavalt pakendi juhistele.
e) Kasta pulgakommipulga ots sulašokolaadi sisse ja pista koogipalli sisse. Korda sama ülejäänud koogipallidega.
f) Kastke iga koogipopp sulašokolaadi sisse, koputades maha kõik ülejäägid.
g) Vajuta kaunistuseks iga koogitüki peale terve mandlitükk.
h) Lase koogipottidel küpsetuspaberil taheneda, kuni šokolaadikate taheneb.

98.Päevalilleseemnevõiga koogipopsid

KOOSTISOSAD:
- 1 karp vaniljekoogi segu
- 1 tass päevalilleseemnevõid
- 12 untsi valge šokolaadi kommid sulavad
- Kaunistuseks päevalilleseemned ja puistad

JUHISED:
a) Valmista vaniljekoogi segu vastavalt pakendi juhistele. Lase täielikult jahtuda.
b) Murenda kook suurde kaussi ja sega hulka päevalilleseemnevõi, kuni see on hästi segunenud.
c) Veereta segust väikesed pallid ja aseta need küpsetuspaberiga kaetud ahjuplaadile.
d) Sulata valge šokolaadi komm sulab vastavalt pakendi juhistele.
e) Kasta pulgakommipulga ots sulašokolaadi sisse ja pista koogipalli sisse. Korda sama ülejäänud koogipallidega.
f) Kastke iga koogipopp sulašokolaadi sisse, koputades maha kõik ülejäägid.
g) Vajutage kaunistamiseks iga koogitüki peale päevalilleseemneid.
h) Lase koogipottidel küpsetuspaberil taheneda, kuni šokolaadikate taheneb.

99.Pistaatsiakoogid

KOOSTISOSAD:
- 1 karp valge koogi segu
- 1 tass pistaatsiapastat või jahvatatud pistaatsiapähklit
- 1 tass vanilje glasuur
- 12 untsi rohelist kommi sulab
- Kaunistuseks purustatud pistaatsiapähklid

JUHISED:
a) Valmistage valge koogi segu vastavalt pakendi juhistele. Lase täielikult jahtuda.
b) Murenda kook suurde kaussi ja sega hulka pistaatsiapasta või jahvatatud pistaatsiapähklid ja vaniljeglasuur, kuni see on hästi segunenud.
c) Veereta segust väikesed pallid ja aseta need küpsetuspaberiga kaetud ahjuplaadile.
d) Sulata rohelised kommid sulavad vastavalt pakendi juhistele.
e) Kasta pulgakommipulga ots sulanud kommisulatesse ja pista koogipalli sisse. Korda sama ülejäänud koogipallidega.
f) Kastke iga koogitükk sulanud kommisulatesse, koputades maha kõik ülejäägid.
g) Puista kaunistamiseks iga koogipopi peale purustatud pistaatsiapähklid.
h) Lase koogipottidel küpsetuspaberil taheneda, kuni kommikate taheneb.

100.Sidruni-mooniseemnekoogi pops

KOOSTISOSAD:
- 2 tassi sidruni-mooniseemne koogipuru (küpsetatud sidruni-mooniseemnekoogist)
- 1/2 tassi sidrunikoort
- 1 tass valge šokolaadi laastud
- 1 spl taimeõli
- Sidrunikoor (kaunistuseks)

JUHISED:
a) Sega kausis sidruni-mooniseemnete koogipuru ja sidrunikoor, kuni need on hästi segunenud.
b) Vormi segust väikesed pallid ja aseta need vooderdatud ahjuplaadile.
c) Pane pallid umbes 30 minutiks sügavkülma.
d) Sulata mikrolaineahjus või topeltboileriga valge šokolaaditükid taimeõliga.
e) Kasta iga külmutatud sidruni-mooniseemnekoogipall sulatatud valge šokolaadi sisse, kata ühtlaselt.
f) Kaunista iga kaetud palli pealmine osa sidrunikoorega.
g) Aseta kaetud pallid tagasi küpsetuspaberiga kaetud ahjuplaadile ja pane külmkappi, kuni šokolaad taheneb.

KOKKUVÕTE

Kui jõuame oma teekonna "KOOKI POPSI KUNSTi" lõppu, teeme seda saavutustunde ja rahuloluga. Läbi 100 vastupandamatu retsepti ja lugematute köögis veedetud tundide oleme avastanud koogipopside lõputuid võimalusi ning lihvinud oma oskusi pagarite ja dekoraatoritena.

Kuid lisaks maitsvatele hõrgutistele ja kaunile loomingule teeb koogipoppide kunsti tõeliselt eriliseks rõõm, mida see teistele pakub. Ükskõik, kas üllatame lähedast omatehtud maiuspalaga või rõõmustame külalisi peol oma kulinaarse loominguga, on kookippidel viis õnne levitada ja inimesi kokku tuua.

Selle kokaraamatuga hüvasti jättes jätkakem saadud õppetunde ja tehtud mälestusi. Jätkame katsetamist, uuendusi ja loomist kire ja entusiastlikult. Ja ennekõike, ärgem kunagi unustagem lihtsat rõõmu, kui saame jagada oma armastust küpsetamise – ja koogiroogade – vastu ümbritsevatega.

Täname, et liitusite meiega sellel armsal seiklusel. Olgu teie koogid alati maitsvad, teie kaunistused alati ilusad ja teie köök alati täis naeru ja armastust. Head küpsetamist!

www.ingramcontent.com/pod-product-compliance
Lightning Source LLC
Chambersburg PA
CBHW070657120526
44590CB00013BA/1003